質的知覚論の研究

世界に彩りを取り戻すための試論

佐藤 透＝著
Toru Sato

東北大学出版会

Study of the Qualitative Theory of Perception :
An Essay to Bring Colorful Vividness Back to the World

SATO Toru

Tohoku University Press, Sendai
ISBN 978-4-86163-354-6

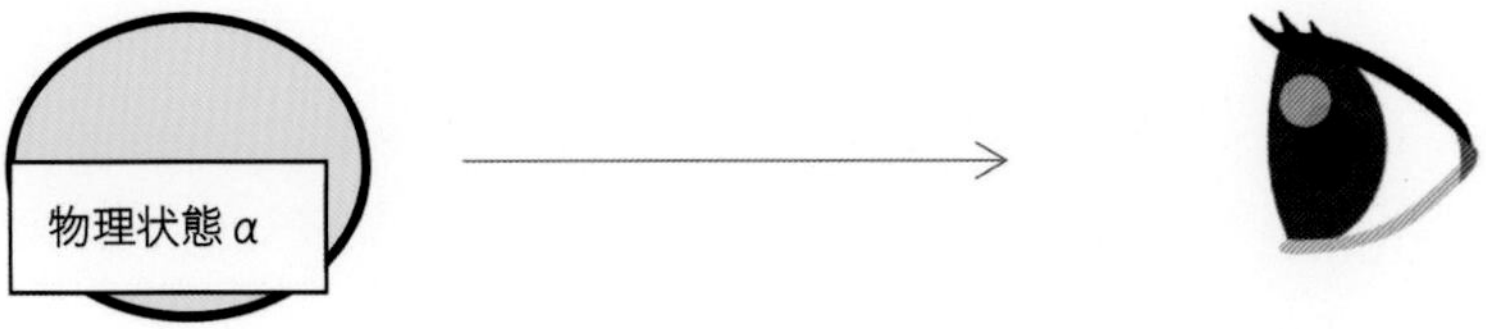

口絵1　t1の状態（214頁 図12）

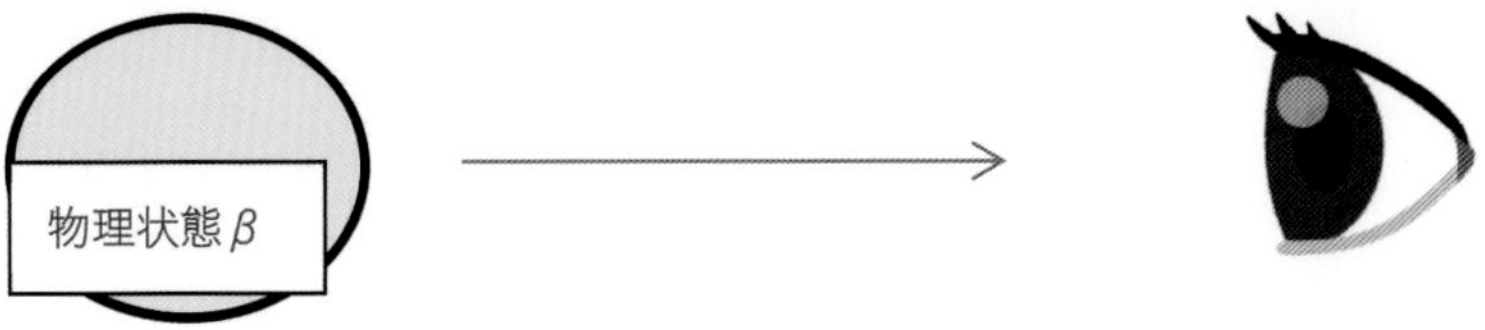

口絵2　t2の状態（214頁 図13）

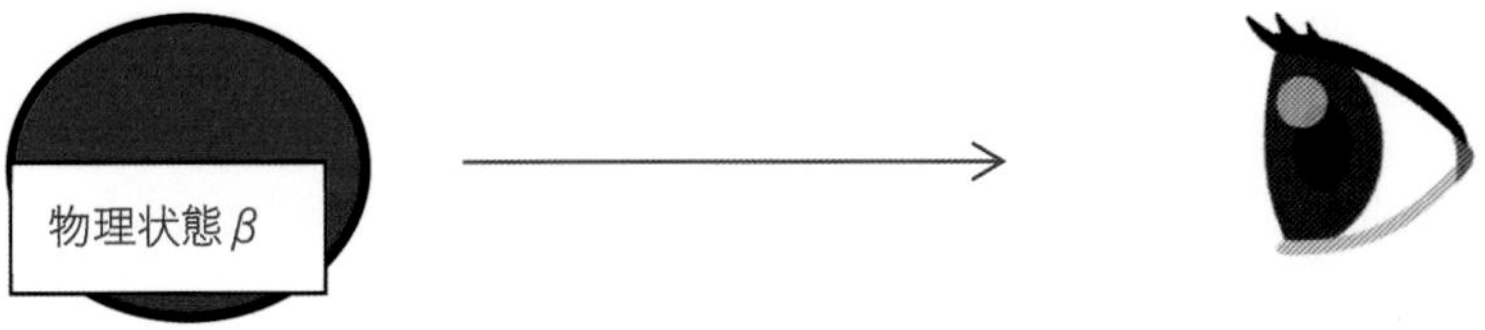

口絵3　t3の状態（214頁 図14）

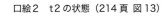

目次

序

本書が「質的知覚論」と呼んでいるのは、私たちが知覚する外部世界、つまり例えば目の前にある林檎が、色や味や香りや音や手触りといった、五感で感じとられる諸性質を実際にもっているとする知覚論のことである。こう書けば、それは当たり前の事実ではないかと訝しく思う人も多いであろう。しかし、近代に形成された科学的自然観とそれに基づく知覚論は、この当たり前の事実を否定する。それに従えば、自然は、物理的性質はもつが色や音や味等の質的で感覚的な性質はもたず、むしろそうした性質は外界の物理的性質が私たち自身の中に生み出す一種の幻想にすぎない。目の前にある赤い林檎の赤赤とした彩りは、私たちがそう感覚しているだけで、実在する世界には一定波長の光を反射する物理的性質をもった物体が存在するのみである。この実在する物体は私たちの中に赤の感覚を産み出しはするが、実在するものとしての物理的林檎は赤くはないのである、と。

このような自然観とそれに基づく知覚論が私たちの生にとって重大な問題を孕むということは、知覚について考察する哲学者の一部か、知覚過程について研究する科学者の一部に自覚されているだけで、赤い林檎は赤いはずだと漠然と考えている常識人にとっても、知覚研究とは関係のない分野を探求する自然科学者にとっても、関心の外に置かれるのが常である。

しかし、私たちが本書で「科学的知覚図式」と呼ぶ、外界に色や音などの感覚的性質を認めない自然観と知覚論は、私たちの生の意味をほとんど破壊するものであって、本書は、それに抵抗するささやかな試みである。抵抗するとは言っても、本書は科学的な自然観を完全に否定し、人類の前科学的な知的状態に戻ることを提唱するものではない。本書で私たちが目指す立場はどのようなものか、またそもそもこの問題はいかなるものであるのか、私たちはまず問題の在りかを確かめ、その輪郭を確認することから始めたい。

第一章　知覚論と感覚的性質

第一節　序論――生の基盤としての質的世界――

おもてにでてみると、まはりの山《やま》は、みんなたつたいまできたばかりのやうにうるうるもりあがつて、まつ青《さを》なそらのしたにならんでゐました。(1)（宮沢賢治「どんぐりと山猫」）

山猫からの招待状を受け取った一郎が翌あさ見た景色である。山が「たった今できたばかりのように、うるうると盛り上がる」とは、何という瑞々しい表現であろうか。賢治のこの描写を初めて読んだときに受けた衝撃は、今でも忘れることができない。この山は、たんなる土や岩の集積ではない。緑の木々が生い茂り、白い雲が湧き、日に光る雨粒が集まって川となり、透明な風がどうっと吹き、夜になると満点の星が光を投げかける。鳥や獣やそして人も、多くの命がそこで育まれ、あるいは葛藤し、あるいは生と死を繰り返し、無数の物語が紡がれる。山そのものが、息づく一つの命なのだ。

天才的な詩人の目に映った世界は、ひょっとすると私たちの目に映る世界とはいくらか異なっていたかもしれない。けれども、私たちを取り囲む自然界も人間社会も、さまざまな質と彩りに満ちた世界であるという点では変わりはないであろう。とりわけ四季のある気候帯に住む私たちにとって、春の花、夏の海の色、秋の紅葉、冬の雪の冷たさなど、折々の自然の美しさは、順境ばかりではなく、むしろ逆境に行き悩むことの多い「忍土」に住む私たちに、多くの慰めを与えてくれる。自然界だけではない。道行く人々の服の色の面白さ、都会の片隅にある小さな祠の寂びた味わい、音楽ホールで聞いたバイオリンの音色、場末の飲み屋で歌う同僚の声、新調したコートの裏地の手触り、新しい市場で買った刺身の味、新蕎麦の香り等々、私たちの生活のすべては、そうした色や音や手触りや味や香りといった感覚的な質を抜きにしては成り立たない。

そうしてこうした感覚的性質は、しばしば人の感情とも深く結びつき、混然一体となっている。つらい時期を過ごしていたときに聞いたメロディーを思い起こしてみればよい。どうしてそれがたんなる音の高低であろうか。華燭の典を挙げたときの花嫁衣裳の色が、色見本の一つと同じだということがあり得ようか。息を引き取ったばかりでまだ残るその人の肌のぬくもりが、ただの温度であるはずはない。

このように、人が生きる世界が質に満ちたものであることは、私たちが日々を生きる土台であり、喜怒哀楽を繰り返しながら生きる私たちの生の意味にとって、世界の質は、ほとんど欠くことができない重要な根幹である。逆に、こうした質や彩りを欠いた世界、いわば無色透明の世界には、人はけっして生きることができないだろう。

第二節　自然科学的知覚論と感覚的性質

ところが、近代ヨーロッパで形成された新しい科学的自然観、とりわけ人が外界を知覚する仕組みに関する新しい知覚理論が意味したのは、これとは逆のことであった。

例えば目の前に赤く色付いた林檎が一つあって、ある人がこの林檎を頬張り、「少し酸っぱい」と言うとしよう。日常的に生きている時の私は、この林檎が赤い色をしていること、それが少し酸っぱいらしいこと、またそうした色や味といった性質が、まさに私の目の前にある林檎に帰属していることを何の疑いもなく信じている。また、目の前の人が発した「少し酸っぱい」というその声は、林檎を食べたその人の口から出たのであり、その声を位置づけるべき場所は目の前のその人であって、その声とその声の主が私の外部に存在することも、私はまったく疑わない。というのも、私は目の前の人やその人が手に持つ赤い林檎を見ていると同時に、私自身の身体をも視界の内に捉えており、林檎とそれを手に持つ人が私の身体の外部に位置していることをも確かに知覚しているからである。外界の事物が、色や音や味といった私たちが五感で感じとる感覚的性質と呼ばれるものを実際にもっているとする点では、こうした常識的立場と、ヨーロッパ中世までの認識論は共通していた。

けれども、一七世紀に形成されたいわゆる粒子論哲学[2]における自然観は、そのような常識的想定に反するものであった。おおまかに言えば林檎の色は、粒子の集合として外界に実在する林檎に光が反射し、それが何らかの媒質を伝わって感覚器である目に入った後、感覚主体の場所で初めて生じるもので、実在する外界自体には人が感覚するような色という性質は存在しないとされる。音（声）もまたそうである。音（声）の源には実在する物体（発声器官）の振動があるのみで、その振動が空気を媒介として感覚主体の耳に伝わった後、感覚主体において初めて音（声）の感覚が成立する。

感覚・知覚[3]のプロセスを構成する各段階に関する知識は、現在では十七世紀とはまったく比べ物にならないほど詳細になったが、基本的な構図は、つまり色や音といった感覚的性質を、実在するものとしての外的世界から放逐しようとする構図は、変わってはいない。例えば現代の心理学者であるS・E・パーマーは、色の知覚について次のように述べている。

…物理的対象と光源は、色をもつように見えるというほとんど奇跡的な性質をもっている。なぜそうなのかは明らかではない。それは単純に事実なのである。ひとはみな、対象が色をもつように見えるのは、それが、私たちがそう経験するように実際に色をもっているからだと信じている。空が青く見えるのはそれが青いからだし、草が緑に見えるのはそれが緑だからであり、血が赤く見えるのはそれが赤いからである。

驚くかもしれないが、こうした信念は基本的に間違っている。対象も光も、現実には、私たちがそれらを経験するようには色をもっていない。むしろ色は、私たちが対象や色を見るときの視覚経験の心理的性質であり、それら対象や光の物理的性質ではない。確かに私たちが見る色は、対象や光の物理的性質に基づいており、この性質が私たちに対象や光が色をもつように見させるのだが、こうした物理的性質は、私たちが知覚する色とは重要な仕方で異なっているのである。より正確に言えば、色とは環境における物理的な光と私たちの視覚神経システムとの複雑な相互作用の結果と理解される。(4)

このようにパーマーは、「対象も光も」私たちがそう経験するような色をもたず、色はそれらの物理的性質ではなく、私たちの心理的性質だと述べる。そして彼がすぐ後の箇所で言及しているように、こうした考えは、光そのものには色彩がないとしたニュートンの立場を引き継ぐものと考えられている。また、この立場は、それと明確に表明されなくとも、おそらく色の知覚を科学的に説明しようとする際に一般的に採用されているものだと思われる。例えば次のような記述は、そうした理解の一例である。

この［ニュートンの］考察は現在の私たちが「持っている知識」と同じものです。光そのものには色彩はないのです。ただ、私たちの感覚器官に作用して特異的な信号を発信させるだけなのです。そして、その信号を受け取った脳がその信号を「赤を示す信号」と認識するのです。ですから、赤という色彩は「光にある」のではなく私たちの「感覚器官や脳の側にある」のです。[5]

色という感覚について言われることは、音や味や香りや触れた感じについても同様であり、外界の対象や感覚する者にそれを伝える媒体はそうした感覚的性質を実際には持っておらず、それらは感覚する者の側で初めて生じるものだと考えられている。実在する外界、つまり本当に存在している外界の姿は、私たちがそう信じるように色や音などをもっているわけではなく、それらを引き起こす物理的性質だけをもっているものとされるのである。色や音などはすべて私たちの側でのみ生じるもので、実在する世界のあり様ではないのだ、と。けれども、もしそうだとすれば、私たちが普段見聞きし、そう信じている質と彩りに満ちた外の世界は、いったい何なのであろうか。それは私たちの脳が描き出す夢まぼろしの世界であり、本当の意味で存在しているなどとは言えない偽りの世界なのであろうか。

第三節　自然科学的知覚論のもつ困難

上記のような知覚の見取り図（以下簡便のため「科学的知覚図式」と呼ぶ）の行き着く結果は、私たちの常識的世界観にはまったく反するものである。なるほど、常識はしばしば誤りを含んでおり、それを科学が訂正することも多いのだから、そこには何の問題もない、と言うべきだろうか。そうではなかろう。というのも、今問題になっているのは、科学による常識の部分的な修正ではなく、常識的世界観全体の否定という事態だからである。先にみたように、世界が質と彩りに満ちたものであるということは、私たちの生の根幹をなしている。世界の質（QOW : quality of world）を抜きにして生活の質（QOL:quality of life）は成立しないと言ってもよい。実在する世界、本当に存在する世界がいっさいの質や彩りをもたない世界であるなら、私たちが現に生きている世界は、まるごと絵空事になってしまう。もしもこうした世界観が真剣に受け取られるべきだとすれば、喜怒哀楽を繰り返す私たちの生は一場の幻となり、そこからはまた生のあらゆる意味と価値を否定する一種のニヒリズムが導かれる場合もあろう。

けれども問題はそれだけではない。というのも、上記のような科学的知覚図式は、もっと具体的な理論的困難を将来するからである。今、事態を明確にするために感覚的性質の代表として色の知覚の問題に絞って考えてみよう。

（一）色付きの対象のある場所――赤い林檎はどこにあるのか――

赤い色をした林檎が私の眼の前に、私の身体の外部にある、というのが私の体験の常識的で素朴な記述である。しかし、私の眼の前に実在する物理的対象に太陽光があたって一定の光が反射され、それが私の眼に入って網膜に捉えられ、その信号が視神経を通って視覚野に伝達されて行った末に「赤」という色の感覚が成立すると考えた時、「赤い林檎」という色付きの知覚像は、自然と、私の脳内に（あるいは脳内のプロセスを経た後のどこかに）その存在の位置をもつものと想定される。逆に、この知覚像の原因となっている実在する物体も光も色をもたず、色付きの知覚像の原因となる物理的性質をもつだけである。

この知覚図式は、知覚された赤い林檎のある場所について、私たちの日常的体験と明らかに齟齬をきたす。私の眼の前にある林檎は、赤い色が付いているのだから、上記の科学的知覚図式の説明によれば、私の脳内にあるはずである。しかし、私の体験しているところでは、それは明らかに私の身体の外部にあり、私の前方一メートルほどのところにある。それが脳内にあるとは思えない。林檎だけではない。林檎とともに、私は自分の身体の一部を、林檎のこちら側にある手や胴体や足や、自分の顔の一部をも一緒に知覚している。これら色付きの私自身の身体の知覚像も、同様に私の脳内にあることになろう。私の見ている色の付いた手や腕は、自分の目を信じれば私の脳の外部にあるはずだが、それが色付きである以上、先の知覚図式からすれば私の脳内にあらねばならない。

同じように、私の身体の外部に広がる色の付いた世界全体も、私の脳内にあることになる。私の身体の位置を去ること五十キロほど向こうにあるはずの青い山脈も、それが色つきである以上、私の脳内にあることになろう。身体外部のものが、なぜ脳の内部にあることになるのか。「私の身体の外部にある赤い林檎や青い山脈は、私の脳内に、すなわち私の身体の内部にある」と書けば、この文が矛盾をはらむことは誰の目にも明らかであろう。

この困難を回避する方策の一つとして従来考えられてきたものが、いわゆる投射説（projection theory ないしprojectivism）と呼ばれるものである。これは、いったん脳内で成立した色付きの知覚像が身体外部にあるその原因の場所に何らかの仕方で投射されると想定することである。この立場は、十七世紀のD・ヒュームに遡源するとされ[6]、現代においても支持者がいるが[7]、果たしてそのようなことは可能なのだろうか。

この問題を考える際には、二種類の異なる投射を明確に区別する必要があると思われる。今それを〈主観的投射〉および〈客観的投射〉と呼んでおこう。

知覚主体の側の変化を知覚される対象の方に実際に投射しているように見える、次のような簡単な事例で考えてみよう。目の前に白いノートがあって、私が青いサングラスをかけると、ノートの色が青く変化して見えた。このとき、知覚主体の側に変化があって、その変化によって知覚対象であるノートの色が白から青に変わって見えたのであるから、知覚主体の側から外部対象への投射が実際に行われていると言えるのではないだろうか。このような場合に一種の投射が可能であるように思われるのは、知覚場面の描写が、ノートを見ている私の一人称的な視点からなされているからだと思われる。私の視野全体は、もちろんすでに色をもっており、また視野全体が同時的に私に与えられており、知覚像としてみた場合、向こうの山も手前のノートも私からの距離は同じである。映画のスクリーンに登場する遠景と近景が、スクリーンに描き出された映像としては私から等距離にあるようなものである。そうした意味において、五十キロ向こうの山も手前のノートも、みな私の視界に同時に、等距離に把握されているのである。ここで、サングラスを着けるという知覚者である私に生じた変化が瞬時に知覚対象へと投射されるのはそれゆえであり、この経験的事実には何も不思議はない。これは〈主観的投射〉と呼ぶべきものである。

しかしながら、先にみた科学的知覚図式は、基本的にこのような知覚の主観的描写の立場にたっているわけではなく、そこで求められている投射も、〈主観的投射〉ではなく、〈客観的投射〉と呼ぶべきものである。先の科学的知覚図式においては、知覚される物理的対象、光、知覚者の生理学的構造等は、いずれも客観的実在として考えられており、知覚主体一人にとってだけではなく、誰にとっても確認可能な、その意味で三人称的なものと考えられている。この図式では、例えば人が感覚するような色をもたない物理的対象としての山に光があたり、一定波長の光が五十キロはなれた知覚者の目に入って青い山の知覚が成立するとされるが、ここでの五十キロという距離も、物理的な距離である。そして知覚者の脳内に至って成立し、そこに位置付けられる知覚像（ただしこれ自体は三人称的な客観的描写には入ってこない）は、今度は、客観的な距離である五十キロを超えて、物理的対象である山に投射されねばならない。これが〈客観的投射〉であり、上記の科学的知覚図式が私たちの主観的事実である〈身体外にある青い山を見ること〉を説明しようとする際に要請される〈客観的投射〉である。このようにみれば、〈客観的投射〉が荒唐無稽なものであることがよくわかるであろう。ひょっとすると投射説が成立するかもしれないと思えるのは、求められている〈客観的投射〉を、〈主観的投射〉にこっそりとすり替えてしまうことからくる錯覚である。[8]

このように、科学的知覚図式に求められている〈客観的投射〉は不可能なものと思われるので、この図式は、身体の外に色付きの対象を知覚するという私たちの日常的経験をまったく説明できないことになってしまう。

（二）色付きの対象は脳内のどこにあるのか――見つからない赤い林檎――

色付きの対象が存在するはずの場所については、別の問題もある。科学的知覚図式によれば、色のついた赤い林檎は、知覚者の脳内において成立しているはずなのであるが、それがどこにあると言ってよいのか、実はわからないのである。というのも、脳の状態は三人称的に確認できるのであるが、赤という感覚的性質は、当の知覚者本人にしか認識されないからである。脳状態を物理・化学的に精査しても、そこには知覚者本人が体験している赤い林檎はまったく見つからないであろう。このように感覚的性質特有の質感のことは、近年クオリアと呼ばれて盛んに議論されるようになった。同じことは色だけでなく、音などの他の感覚的性質についても当然言える。

脳の各部位がどんな機能を担っているのかについて、かつて画期的な仕事をしたのはW・ペンフィールド（一八九一年〜一九七六年）だった。彼はてんかん患者に局所麻酔をかけて頭蓋骨を開き、脳を露出させて電気的刺激を与え、患者がどんな体験をするかを克明に記録したのである。一九三三年に彼がある患者の側頭葉の一部を刺激すると、患者は自分の過去の体験が再現されるのを報告したので、彼は大変驚いたという。別の患者D・Fは、楽器がある歌曲を奏でるのが聞こえたと言い、確認のために同じ部分を何度か刺激すると彼女は同じ旋律を聞いたらしく、ハミングをさせるとテンポも同じだったという。(9)

問題となるのは、このメロディーを聴いているのは、患者ただ一人であり、ペンフィールドにも看護師たちにも聞こえず、それを患者のハミングによって確認するしかなかったということである。刺激される側頭葉の位置、そのときの電圧等は、周りにいる者がいわば客観的に知ることができるが、その時どこかで流れているメロディーを聞くことができるのは患者のみなのである。ペンフィールドたちは患者の脳状態を外部から観察するだけで、メロディーそのものはいわば患者の内部からしか経験できない。(10)

例えば私が今、何かのメロディーを心のうちで再現したとしよう。このときの脳状態を最新の機器を使って記録したとする。けれども、もし私たちが、あなたの聞いているメロディーはこの脳状態のことですよ、と言われたとすればたいへん当惑するだろう。脳の神経細胞の複雑な組成やそこを行き来する電気的信号の交錯は、私が体験するメロディーとは似ておらず、何か質的にまったく異なるもののように思われるからである。このように私たちの主観的意識体験に与えられる感覚的性質と、人間および自然界に関する科学的記述とのあいだにあるギャップをどう考えるかという問題は、デイビッド・チャーマーズによって「意識のハードプロブレム（難問）」と呼ばれてよく知られるようになった。[11] 上記の科学的知覚図式からすれば赤い林檎は知覚者の脳内にあるはずなのだが、その脳内を探しても赤い林檎はまったく見つからないのである。

（三）知覚原因の不可知性

さらなる理論的困難は、先の科学的知覚図式に基づけば、私たちの知覚を引き起こす原因がどんなものかまったくわからなくなってしまう可能性があるということである。そんなことを言うと、奇妙に思われるかもしれない。例えば再び目の前に赤い林檎を見ているとしよう。普通私たちは、赤い林檎の知覚が生じる原因は、まさに目の前にある赤い林檎に他ならないと考えている。常識的で素朴な立場では、外界に赤い林檎が実在しており、私たちがそれを見たときの知覚像は、その実在する林檎をそのまま写し取ったものである。知覚の結果としての赤い林檎の知覚像は、その原因としての外界の赤い林檎と同じ姿をしていると、常識は漠然と想定している（この立場はしばしば素朴実在論と呼ばれる）。もし誰かが「あなたは赤い林檎の姿を見ているが、その見えている姿の原因はどこにありますか」と問うなら、問われたひとは怪訝な顔をしながら、目の前の赤い林檎そのものを指さすだろう。そして、古代ギリシアのアリストテレスから中世のスコラ哲学に引き継がれたような知覚の見取り図もまた、この点では同様であった。

しかし、先に見たような科学的知覚図式ではそうではない。赤い林檎の知覚像は、外界からの情報が知覚者に伝わって発生した、あくまでも「結果」である。この結果を引き起こした「原因」は、ひとが知覚するような色をもってはいない。したがって、先の常識的立場に立つ人のように、知覚の原因はと尋ねられても、目の前の赤い林檎を指さすことはもはやできない。なぜなら、目の前の林檎は赤という感覚的性質をもっている以上、あくまでも知覚過程の「結果」だからである。それでは、そうした感覚的性質をもたず、本来物理的性質のみをもっているはずの知覚の「原因」は、どこに、どのような姿で存在していると言えばよいのだろうか。色をもたないものを、私たちはどのようにして知り得るのだろうか。私が私の身体の周りに見ている世界は、すべて色付きの世界であり、したがってすべて知覚過程の「結果」である。「原因」は、この「結果」を引き起こすものであるから、この「結果」の世界のどこか背後にあると言えばよいのだろうか。だとすると、その「原因」は、果たして私が把握できるようなものなのであろうか。知覚者である私が把握しているのはすべて「結果」だとするなら、知覚の「原因」は、むしろ理論上、把握不可能なものではないのだろうか。

けれども、次のように考えてみてはどうだろうか。色付きの林檎を見ている先ほどの描写は、知覚者の視点に立って周りの世界を見たときの主観的描写である。そうではなくて、一人の実験者が、この知覚者（以下、被験者と書く）が知覚する様子を、横から見ている場面を想定してみるのである。最初、実験者は部屋の明かりを消しており、暗い部屋に被験者が座っている。このとき被験者には林檎は知覚されていない。しかし、実験者が明かりを着けると、被験者には目の前の赤い林檎が見える。この様子を実験者は横から見ていて、部屋が暗く、被験者に林檎の知覚経験が存在しないときも、実験者は被験者の目の前に林檎があることを知っている。この林檎は、被験者の質的な感覚知覚経験からは切り離されて、独立に存在しているものと実験者は考える。そしてこの実験者は、この林檎を物理的計測にかけて、その特性を記述することができ、そこで計測された物理的性質は被験者の質的知覚経験からは切り離されて存在する実在的性質である、と想定される。だとすれば、このように知られた物理的性質をもった林檎が、先の科学的知覚図式が想定する被験者の知覚の「原因」と言えるのではないか。

しかし、被験者の質的知覚の向こう側にあるとされた林檎も、実験者によって質的に知覚されていることを忘れてはならない。実験者が見ている赤い林檎は、実験者の知覚プロセスの「結果」である。すでに実験者の知覚プロセスによって把握された「結果」であるものを、どうして被験者の質的知覚の「原因」とみなすことが可能なのだろうか。もしそれを被験者の知覚の「原因」と考えるなら、知覚原因は感覚されるような色をもたないという知覚図式はそこで崩れてしまうだろう。なぜなら、実験者が見ている「原因」としての林檎は赤いからである。それなら、この実験者とこの実験者が見ている赤い林檎の関係を、誰かまた他の第二の実験者が横から見ればよいのだろうか。しかし、すぐにわかるようにこれは無限に続く。つまり、最終的な、「結果」ではない「原因」にはたどり着くことができない。

このように考えれば、知覚の原因は、まったく知り得ない、不可知なものとなってしまう可能性がある。そして知覚原因が不可知なものであるなら、原因と結果の因果関係の主張もまた不可能にならざるを得ないだろう。感覚的性質をもたない外界の物体を原因とし、光という媒介をへて知覚者の身体の場所で色という感覚的性質が結果として産出されるとする自然科学的な知覚プロセスの因果的説明は、知覚原因が不可知なものとなれば、自己崩壊してしまうことになる。

第四節　科学における質的世界の理論的排除と現実的前提

科学的知覚図式がもつこうした理論的困難は、哲学者たちによって十七世紀以来今日に至るまでずっと議論されてきたものであるが、当の科学者たちの中にも、自然科学的な知覚図式に重大な問題が含まれることを明確に認識していた人たちがいる。

例えば、十九世紀ドイツの医師であり生理学者であったエミール・デュ・ボア＝レーモン（一八一八年～一八九六年）はその一人であった。彼は、一八七二年にライプツィヒ大学で行われた講演で、自然科学的認識にはいくつかの限界があると主張したのだが、そこで彼は、意識というものを物質的条件から説明することは彼が生きた当時の知識状態からして不可能だというのみではなく、永遠に不可能だと主張したのである。

脳に関する天文学的知識［部分、相互的位置、運動に関する一切の知識の総体］、脳に関して私たちが獲得し得る最高の知識が明らかにするのは、結局物質の運動以外の何ものでもない。物質の諸部分の配置や運動をどのように考えようとも、それによって意識の領域へと橋を架けることはできない。(12)

一方の、私の脳内における一定の原子の一定の運動と、他方の私にとって根源的で、それ以上定義することも否定し去ることもできない事実、すなわち「私は痛みを感じ、喜びを感じる、甘さを味わう、バラの香りを嗅ぐ、オルガンの音を聞く、赤い色を見る」といった事実、およびそこから同様に直接的な仕方で生じる「ゆえに私はある」という確信とのあいだに、いったいどのような結びつきを考えることができるだろうか。一定数の炭素、水素、窒素、酸素その他の原子にとって、それらの現在、過去、未来における配置と運動が重要な意味をもつことになるということは、まったく永遠に理解できない。それら諸原子の寄せ集めからどのようにして意識が発生し得るかは、いかなる仕方でも認識できない。(13)

彼は、意識の領域ということでさまざまな感覚的性質や自我意識を考え、脳内の物理的記述をいかに完全にしても、それらの発生を説明することは永遠に不可能だと言っているのである。永遠に不可能だという断定的言い方には当時から強い抵抗もあったが、少なくとも彼が私たちのもつ感覚などの主観的事実と、物理的記述とのあいだにあるギャップの問題を深刻なものと捉えていたことはよくわかるであろう。

デュ・ボア＝レーモンが生きたのは、アインシュタインの特殊相対性理論が一九〇五年に発表される前の時代であったが、同じような疑念の表明はその後もなされている。量子力学の確立に貢献したエルヴィン・シュレーディンガー（一八八七年〜一九六一年）は物理学のみならず幅広い関心をもつ人であったが、一九五八年に出版された『精神と物質』で、やはり感覚的性質を物理学的に説明することの困難さについて述べていた。

色の感覚は、光波に関する物理学者の客観的描像では説明できない。それでは生理学者なら、もし彼が網膜における諸過程や、それらによって視神経束や脳に引き起こされる神経の諸過程について今以上に十分な知識をもっていたとすれば、それを説明できるだろうか。私はそうは思わない。私たちはせいぜいのところ、視野の特定の方向ないし領域に私たちの心が黄色の感覚を認めるときにはいつでも、どの神経線維がどんな割合で興奮しているか、さらにおそらくはそれらが一定の脳細胞に生み出す過程も正確に知ることができるだろうが、そうした客観的知識を得ることができるだけである。しかし、そのような詳細な知識でさえ、色の感覚、より詳しく言えばこの方向にある黄色の感覚、については何も教えないだろう。甘さの味覚や他の感覚についても、同様の生理学的プロセスから生じていると考えてよいだろう。私が言いたいのはたんに次のことである。すなわち、電磁波に関する物理的記述が「黄色の色」や「甘い味」の特性についてほとんど何も含んでいないのと同様に、その客観的記述がそうした特性を含むような神経プロセスなど存在しないだろうということである。[14]

このモデル［物理的世界像］には、色もなく音もなく触った感じもない。これと同じように、また同じ理由から、科学的世界は、意識的に熟慮し、知覚し、感じる主体との関係においてのみ意味をもつようなすべての事柄を欠いており、あるいは奪い去られているのである。私が言っているのは、まず第一に倫理的な価値や芸術的な価値のことであり、あらゆる種類のあらゆる価値、「感覚や感情や思考の」表出すべての意味と範囲に関係するあらゆることもそうである。[15]

最初の引用は、「感覚的性質のミステリー」と題された章からのもので、物理的記述や生理学的記述をいかに詳細にしたところで、色などの感覚的性質をそこから説明することはできない不思議さが述べられている。またこれより少し前の箇所からとられた二番目の引用部分では、科学的世界像においては感覚的性質だけではなく、それらに基づくあらゆる価値の世界が剥奪されていると述べており、これは本書の冒頭で私たちが確認したような私たちの生の土台の喪失を指摘しているものと理解できる。

このように、感覚・知覚に関する物理学的、生理学的記述と私たちの主観的な感覚的性質とのあいだのギャップに深い問題を見て取っていた科学者たちがいる一方で、多くの科学者たちはこうした問題があることを意識しないか、あるいは意識しても深くは追求しないことがほとんどだと思われる。それは、神経生理学者のE・R・カンデルが言うように、こうした問題が、知覚に関する実際の科学的研究の進展を妨げることがないからであろう。

…感覚知覚や認知の問題に取り組む神経科学者は、意識を実験的に定義することの難しさに直面するが、この難しさが生産的な研究を不可能にすることはないようだ。(中略)

実際、神経科学は、個人の体験を説明することができなくても、感覚知覚の神経生物学の理解において目覚しい進展を遂げてきた。例えば、われわれは皆同じ青をみているのかという問題を解決することができなくても、色や形の知覚に関する神経基盤は理解できる。(中略)

意識の主観性は、意識の神経生物学的研究をきわめて難しくしている。けれども原理的には、現在の研究手法でも意識を研究できなくはない。知覚の主観的性質は、他者が知覚するものを客観的に研究することの妨げにはならない。[16]

けれども、カンデルが言うことが事実だとすれば、どうして実際の研究の遂行に支障が生じないのだろうか。というのも、私たちが先に確認したように、上述した科学的知覚図式を採用するなら、例えばたんに外界の物体や光の物理的特性および知覚プロセスの神経生理学的知識によって色という感覚的性質の発生を説明できないというだけではなく、私たちの周りに実在する世界は色などの質的性質をまったく欠くことになり、またそうした世界が私たちにとって不可知なものだとすれば、知覚成立の因果関係そのものが崩れてしまうから、先に述べたように知覚プロセスの科学的説明自体が自己崩壊するはずだからである。

この問いの答えはおそらく単純なもので、それは、先の科学的知覚図式によれば理論的には排除されるはずの外界の質的性質が、多くの科学研究の場面において、実際上は排除されていないからであろう。私たちが常識的に生きているときには、目の前にある林檎が赤い色をしていることを疑わないが、科学的研究がなされる多くの場面でも、そのことに変わりはないと思われる。この点について、先のシュレーディンガーも次のように言っている。

…奇妙な事実というのは次のことである。私たちの周りの世界に関する知識のすべては、日常生活で得られるものも、もっとも注意深く計画され、骨の折れる実験で明らかにされたものも、みな完全に直接的な感覚知覚に依拠しているのだが、その一方でこの知識は感覚知覚と外界の関係を明らかにすることに失敗するので、私たちが科学的発見に導かれて形作る外界に関する描像やモデルには、感覚的性質がすべて欠けているということなのである。(17)(強調は筆者)

上述の科学的知覚図式から帰結する科学的世界像には一切の質的性質は欠如しているはずなのだが、にもかかわらず、実際の科学研究の営みそのものにおいては、外界の諸対象が質的性質をもつことはむしろ研究の前提となっている。つまり、科学的知覚図式の理論的な帰結は、実際の科学研究の営みと齟齬をきたしているとも言える。明治から昭和にかけて生きた物理学者、寺田寅彦（一八七八年〜一九三五年）は、そのことをもう少し詳細に記述している。彼は「量的と質的と統計的と」と題された文章の中で、実験対象の量的な記述ではなく質的な記述が科学の発展において重要な役割を果たしてきたことを次のように書いていた。

ガリレー、ゲーリケ以後今日まで同様なことがずっと続いて跡を絶たない。ヴォルタの電盆や電堆《でんたい》、ガルバニの細君の発見と言われる蛙の実験、いずれも質的なる画期的実験である。オェルステットが有名な実験をした時の彼自身の考えは質的にさえ勘違いしていた。ルムフォード〔ランフォード〕の有名な実験は「水が沸きさえもした」事に要点があった。ロバート・マイヤーがフラスコの水を打振った後にジョリーの室へ駈け込んで"Es ischt so!"〔ほらこのとおり〕と叫んだのは水が「温まった」ためで、それが何度点何々上がったためではなかったのである。ロェンチェン〔レントゲン〕線の発見が学会を驚かしたのはその波長が幾オングストロェームあったためではなく、そういうものが「在る」ということであった。ベクレル線も同様であった。シー・ティー・アール・ウィルソンの膨張函の実験が画期的であった所以《ゆえん》は先ず何よりも粒子の実在を質的に実証した点であった。ラウエ、菊池の実験といえども、先ず第一着に本質的に何より大事なことは「写真板の上にあのような点模様が現われる」ことであった。それが現われた上での量的討究の必要と結果の意義の大切なことはもとより言うまでもないことであるが、第一義たる質的発見は一度、しかしてただ一度選ばれたる人によってのみなされる。質的に間違った仮定の上に量的には正しい考究をいくら積上げても科学の進歩には反古紙《ほごがみ》しか貢献しないが、質的に新しいものの把握は量的に誤っていても科学の歩みに一大飛躍を与えるのである。ダイアモンドを掘り出せば加工はあとから

出来るが、ガラスは磨いても宝石にはならないのである。(18)

寺田が括弧で囲んで示したのは、実験者の目の前の状況についての質的記述であり、科学的に画期的な進展は、まず実験者にそのような質的記述として見て取られること、したがって外界に繰り広げられる現象の質的記述を科学的営みから排除することなどできないということを寺田は言っているように思われる。

そのことは知覚の科学的研究についても言えるはずである。色の知覚を科学的に研究する場合、その研究はそもそも何を明らかにしようとしているのか。それは、私たちが〈外界にある赤い林檎を見、青い空をみる〉という事態を解明しようとしているのではないのだろうか。だから、色知覚の科学的研究は、外界の対象が色という質的性質をもつことを前提として認め、そこから出発しているはずなのである。ところが、先の科学的知覚図式によれば、理論上、外界から色は駆逐されてしまう。つまりそれは、自らが前提とし、解明の目的としたはずの出発点を否定する矛盾を犯してしまうのである。

このように実際の科学研究の営みにおいても、外界の質は排除されているわけではない。ところが科学的知覚図式によれば、実在する客観的実在世界から一切の質的性質は排除されてしまう。いったいどこに問題があるのだろうか。どこかでボタンが掛け違えられているのである。

第五節　二種の見方の融合――詩と科学のイーハトーブのために――

私たちの周りの世界が質と彩りに満ちたものであることは、私たちの生の土台を為しているものであった。

また自然の科学的研究も、外界が質に満ちたものであることを現実的には前提としてそこから出発している。また、その画期的進展はしばしば質的な記述によってもたらされ、あるいは当の知覚の科学的研究自体が私たちの質的世界経験の解明を目指しているのだとすれば、実際に使用されている質的世界の存在というその前提を否定し、捨て去ることはできない。だとすれば、外界から質的性質を除去してしまう科学的知覚図式の方を捨て去るべきなのだろうか。とはいえこちらはこちらで、十七世紀以来の知覚研究の積み重ねによって実証的に根拠づけられてきたものではないのだろうか。

この対立する二つの見方の矛盾相克を切り抜けるためには、質的世界観と科学的知覚図式とが共存し、融合できるような道を探すよりほかはない。そして本書は、それが可能だと考えている。というのも、一見して強固に見える両者の矛盾は、実は見かけ上のものにすぎず、科学的知覚図式を形成してきた根拠に関する解釈を変更することで、解消することが可能だと思われるからである。すなわち本書が目指すのは、科学的知覚図式に関して積み上げられている科学的知見を否定するのではなく、その一部の解釈を変更することによって、私たちにとって自然で、かつ私たちの生を支える質的世界観との共存、融合の道を切り開くことにある。もちろんこの課題の射程は大きなもので、そのすべてを本書で取り扱うことはできないが、その肝要と思われる点について試論を展開することが本書の目的である。

そのために、第二章ではまず、科学的知覚図式がどのように生まれてきたのか、近代初頭においてそれが誕生し、発展してゆく様子を追跡し、問題の根を確認する。その際にはガリレオやデカルトやニュートンといったこの図式の形成者たちが、なぜこのような図式を主張し得たか、その根拠とみなされるものについても合わせて考察する。というのも、彼ら自身、常識人としては自分の周りの世界が質に満ちたものであることは承知しているはずで、中世まで引き継がれた伝統的な知覚理論もまたそうであったのだから、それを否定して外界から質的な感覚的性質を剥奪するためには、それなりの理論的裏付けや説得術を必要としたはずだからである。彼らが、常識と伝統に背を向けて自然界から質的性質を除去するに至った根拠はどのようなものだったのだろうか。

続く第三章では、科学的知覚図式に対して従来なされてきた批判と、別の知覚理論の提案のいくつかを振り返る。そこでは、外界に質的性質を取り戻そうとする現代的試みとしてベルクソンやフッサールの知覚論、また我が国の大森荘蔵の重ね描き論などを検討するが、そうした検討を通じて、科学的知覚図式を支える根拠でありながら、従来の批判では十分に取り扱われていないと思われる論点を析出する。

最後の第四章では、本書の立場から改めて問題を整理し直し、前章で析出された問題点に対する本書としての解決策を提案する。歴史的な検討を割愛して本書の積極的な提案だけを知りたいのであれば、この第四章から読んでいただいても主旨はご理解いただけるのではないかと思う。

ところで、本書が探ろうとしている可能性、すなわち質と彩りに満ち、私たちの喜怒哀楽の無数の物語がそこで紡がれる世界と、自然科学的な世界像との共存、融合の可能性は、本書の冒頭でみた賢治によって、すでに実際に生きられている。

賢治が十九歳で入学してから二十二歳で卒業するまで学んだのは、盛岡高等農林学校（現在の岩手大学農学部）で、理系の学校である。賢治はさらに卒業後二年間研究生として大学にとどまり、研究生終了後は助教授への推薦を受けたがこれを辞退し、その後東京での暮らしを経た後花巻に帰って、稗貫《ひえぬき》郡立稗貫農学校（後の岩手県立花巻農学校）の教諭となっている。担当した科目は、代数、農産製造、作物、化学、英語、土壊、肥料、気象などであったという。[19] 賢治が詩集『春と修羅』や童話集『注文の多い料理店』を出版したのは、この教諭時代であり、つまり自然科学の研究・教育に従事していた時期でもあった。『春と修羅』を友人から送られた草野心平がこれに感動して賢治に手紙を送り、同人誌に勧誘したところ、賢治は参加を承諾したが、その返信には次のようにも書かれていたという。

…私は詩人としては自信ありませんが、一個のサイエンチストとしては認めていただきたいと思います…[20]

今日の評価を考えればこれは意外であるが、自費出版の『春と修羅』は幾らかの称賛を得ていたものの、次いで刊行した『注文の多い料理店』も売れず、困った出版社を助けるために父から借金して本を買い取っていた当時の賢治にすれば、地質調査に赴いたり、生徒たちに自然科学を教えたりする自分の方がよほど確かなものであって、自らをサイエンティスト（科学者）とみるのはむしろ自然な自己評価だったかもしれない。実際、彼の作品に科学の言葉がちりばめられていることは、誰しも気のつくところであろう。

…ルビーよりも赤くすきとほりリチウムよりもうつくしく酔ったやうになってその火は燃えてゐるのでした。「あれは何の火だらう。あんな赤く光る火は何を燃やせばできるんだらう。」ジョバンニが云ひました。「蝎の火だな。」カムパネルラが又地図と首っ引きして答へました。…[21]（『銀河鉄道の夜』）

ここでは蠍座のα星アンタレスの赤い輝きを表現するのに、リチウムの炎色反応のイメージが呼び出されている。[22] また、明け方の空は琥珀色であったり、花のつぼみが紫水晶《アメジスト》の美しさをもっていたりと、美しい鉱物もしばしば登場する。しかしそのような自然科学に由来する言葉はみな、色の美しさなどの質感を表現するために呼び出されているのである。もちろん賢治も、色と光の波長の関係については承知していたが、[23] 賢治にとって自然科学の知見は、彼の詩的世界との対立を生み出すようなものではなく、むしろ混然となってあの独自の世界を形作るものであった。そしてリチウムよりも美しく酔ったように燃える蠍の火は、ただたんに美しい色をもつだけではない。地上にいたときに多くの命を奪った蠍は、今度は自分がいたちから逃れて井戸に落ちて死んでしまうときに、なぜ自分がいたちに食べられなかったかを後悔し、この次には「まことのみんなの幸のために」自分の体が使われることを神に祈り、真っ赤な火になって闇を照らすようになったのである。この蠍は私たち自身でもあろう。リチウムの炎の赤さは、たんに美しい赤の質感を表すだけではなく、他の命を奪いながら生きる私たちの生の宿命と「まことの」幸いへの祈りとも溶け合って一つになっている。

　賢治の描写するそうした世界のあり様をみれば、私たちの生を支える質と彩りに満ちた世界と科学的世界像とを共存させようとする以下の試み、詩と科学とが融合するイーハトーブ（理想世界）を探る試みも、あながち無駄なことでもなかろう。それはすでに確かに生きられていたのだから。

注

（1）『新校本宮沢賢治全集』第十二巻、本文篇、一九九五年、筑摩書房、九頁。

（2）ここでは外界がそれ以上分割できない原子および真空からなるとする原子論と、デカルトなどのように真空の存在を認めず、それゆえまた原子を認めないが、外界が微粒子からなるとする説を総称してこのように呼ぶ。

（3）「知覚」という語は、「感覚」に比してより高次の認識を含めて理解される場合があるが、本書では断らない限り、特に厳密に区別しない。

（4）Stephen E. Palmer, *Vision Science: Photons to Phenomenology*, MIT Press, 1999, p.95.
（5）齋藤勝裕『光と色彩の科学－発色の原理から色の見える仕組みまで』講談社、二〇一〇年。二一一～二一三頁。［　］内は筆者による補足。
（6）David Hume, *A Treatise of Human Nature*, 2nd Edition, Oxford U.P., 1978, Book I, Sect. XIV, p.167.
（7）例えば、Paul A. Boghossian and J. David Velleman, 'Colour as a Secondary Quality', in *Readings on Color*, Volume I: The Philosophy of Color, ed. by Alex Byrne and David R. Hilbert, 1997.
（8）青いサングラスは厳密には知覚する身体に属さないので、この事例を〈主観的投射〉と呼ぶことに疑義を持つ方もいるかもしれない。しかし、それなら例えば知覚者の眼球に生じたある種の変化と視野の状態の変化との関係を考えても同じことである。ここで言及しているような知覚に関する二種類の描写を区別し、その関係を考察することは、本書の主題にとって重要なものであり、私たちはこの問題に本書の最終部分で帰ってくる。
（9）ワイルダー・ペンフィールド『脳と心の正体』文化放送開発センター出版部、一九七七年、六〇～六一頁。
（10）ここで「外部」「内部」というのは、あくまでも比喩的な表現である。というのも、普通この表現は空間的な関係の表現に用いられるが、患者が内部からメロディーを聞くというとき、この「内部」は頭蓋骨の内部でもなければ、いかなる空間的な場所の表示でもないからである。
（11）Chalmers, David J., 'Facing Up to the Problem of Consciousness', *Journal of Consciousness Studies*, 2(3), 1995, pp. 200-219.
（12）Emil Du Bois=Reymond, 'Über den Grenzen des Naturerkennens', in *Deutsche Akademiereden*, hrg. Von Fritz Strich, München, 1924, S. 188.
（13）*Ibid.*, S. 189.
（14）Elwin Schrödinger, *Mind and Matter*, Cambridge U.P., 1958, pp. 90-91.
（15）*Ibid.*, p. 66.［　］内は、筆者による補足。
（16）エリック・R・カンデルほか編『カンデル神経科学』、メディカル・サイエンス・インターナショナル、二〇一四年、三八一頁～三八二頁。原書は、*Principles of Neural Science*, Fifth Edition, 2013。
（17）Schrödinger, *op. cit.*, p. 88.
（18）『寺田寅彦全集　第五巻』岩波書店、一九九七年、二〇一頁～二〇二頁。〔　〕内は、編者による注記である。なお、旧漢字を新漢字に改めた。
（19）『新校本宮沢賢治全集』第十六巻（下）年譜篇、二〇〇一年、筑摩書房、担当科目については二二八頁参照。
（20）草野心平『わが青春の記』、『草野心平全集』第九巻、昭和五十六年、筑摩書房、三三八頁～三三九頁。『新校本宮沢賢治全集』

第十六巻（下）年譜篇、二〇〇一年、筑摩書房、二九四頁〜二九五頁参照。

（21）『新校本宮沢賢治全集』第十一巻、童話Ⅳ、本文篇、一九九六年、筑摩書房、一六三頁。

（22）ほかにも、賢治の作品、手帳、手紙には全部で四十五の元素名が登場するという。桜井弘『宮沢賢治の元素図鑑－作品を彩る元素と鉱物』、化学同人、二〇一八年、参照。また賢治の科学者としての側面については、斎藤文一『科学者としての宮沢賢治』平凡社、二〇一〇年、も参照できる。

（23）賢治が生前印刷して匿名で配布したもの（全集では〔手紙三〕とされている）に顕微鏡の倍率と可視光の波長に関する記述がある。『新校本宮沢賢治全集』第十二巻、本文篇、一九九五年、筑摩書房、三一七頁〜三一八頁。

第二章　近代における科学的知覚図式の登場

第一節　近代以前の質的知覚論

すでに述べたように、十七世紀になって新しい知覚論が登場する前に主流であったのは、私たちの常識的立場と同様、外界を感覚的性質に満ちたものとする知覚論（以下これを「質的知覚論」と呼ぶ）であった。十七世紀に生じた変化がいかなるものであったのかを明確にするために、ここではまず近代以前の質的知覚論について、その概要を確認しておく。

（一）基礎としての質料形相論

近代以前の自然観および知覚論を考えるときに、その基礎となるのはアリストテレス（紀元前三八四年〜三二二年）のいわゆる質料形相論である。とはいえ、質料形相論の射程は広いので、ここでは感覚的事物の知覚、すなわち私たちが目の前にある事物を感覚・知覚するような場合に限定してその骨子を見てゆきたい。

アリストテレスによれば、事物は質料と形相の結合体であるが、質料とは事物の素材・材料であり、形相とはそれに加わって事物を規定するもののことである。質料と形相の区別は『自然学』において導入されるが、そこでは事物が生成・変化する際に変わらないものが質料、変わるものが形相とされる。アリストテレスは、例えば無教養な人間が教養ある人間に変わるとき、「無教養」の状態から「教養ある」状態へという変化を通じて存続している「人間」が質料であり、「無教養」や「教養ある」という対立する規定は形相であると言う。またヘルメス神の石像などの例も挙げられていて、石材からヘルメス神の姿が彫り出される時、石材は質料であり、ヘルメス神の姿は形相である。具体的な事物はしたがって質料と形相の結合体ということになる。

しかし、生成・変化といってもさまざまなものがあるので、そうした生成・変化を通じて明らかになる質料や形相もまた、さまざまに異なる種類を含むことになる。とりわけ、ある個別的な事物がそれ自体として生成する場合と、その事物の性質などが変化する場合とは、明確に区別されている。例えば人間が人間として誕生することは確かに「生成」と言えるが、この人間の性質が「無教養」から「教養ある」へと性質を変化させるのは、本来の意味での「生成」ではなく、「これこれに成る」という変化を表すのみである。前者の「人間」は「実体」、後者の「無教養」や「教養ある」はそうした実体が持ったり持たなかったりする「付帯的属性」であるから、実体の生成と、実体が持つ付帯的属性の変化とは区別しなければいけないことになる。そして後者には、量的な変化、性質の変化、関係の変化、時間の変化、場所の変化などが含まれるものと考えられている。[1]

この点は、『生成消滅論』でもさらに論じられており、そこでも実体の生成消滅が、質的な変化や量的な増大・減少とは根本的に異なるものとされている。[2] そうすると実体が生成消滅する際に質料と結合・分離する形相と、付帯的属性が変化する際に関係する形相も異なるものとして区別する必要が出てくる。中世のスコラ哲学では、前者が実体的形相（forma substantialis）、後者が付帯的形相（forma accidentalis）と呼ばれて区別された。[3] 例えば、初めは青かった林檎が色付いて赤くなったとすると、青や赤という感覚的性質は、先の人間の「無教養」や「教養ある」と同様、林檎という個物が持つ付帯的形相に属すると考えてよいと思われる。

けれども質料形相論と性質との関係はもう少し複雑である。というのも、さまざまな性質にも、より基礎的なものとそうでないものが区別されるからである。

生成消滅は、知覚される物体なしには行われ得ないが、その知覚される物体というのは、アリストテレスによれば触知可能なもの、つまり触覚によって確かめられるものに他ならない。そしてそうした触知可能な物体は、その質料が要素あるいは始元と呼ばれるいわゆる四元素（土、水、空気、火）から形成される。しかし、その四元素も、最終的な質料である第一質料に、特定の性質が加わって出来上がっており、そうした最初の形相とも言える性質は、アリストテレスが最も基礎的な性質と考えた触覚によって与えられる「熱・冷・乾・湿」という性質であった。これらの二つずつが組み合わさって、火（温・乾）空気（温・湿）水（冷・湿）土（冷・乾）がそれぞれ形成されるのである。知覚される物体がこれら四元素の各種の混合によって形成されるとき、基礎的な四つの性質もまた各種の仕方で混合されることになるが、この複雑な混合によって、四つの性質以外のさまざまな性質がそこから派生してくるものと考えられている。[4]

色などの感覚的性質も、当然この派生的な性質に含まれることになるが、この区別がスコラ学に引き継がれると、基礎的な四つの性質は〈第一性質〉と呼ばれ、そこから派生的に生じる諸性質は〈第二性質〉と呼ばれることになる。そしてこの中世に発した二種類の性質の呼称が、十七世紀にまで引き継がれてゆくのである。[5]

（二）アリストテレス－トマスの質的知覚論

私たちが外界に存在する対象を感覚する能力について、アリストテレスは『霊魂論』で分析しているが、そこでは感覚能力は、霊魂のもつ能力の一種と考えられている。アリストテレスにおいて霊魂とは生命をもつ生物を根拠づけているもので、人間はもちろん、他の動物や植物も持っているとされる。ただし、霊魂の主たる能力としては、栄養的能力、感覚的能力、思考的能力が挙げられ、植物はこのうち栄養的能力つまり栄養摂取の能力は持つが、感覚や思考の能力は持たず、動物は、感覚能力までは持つが思考能力を欠き、人間はそれらすべての能力を持つという階層構造が考えられている。

先にみたように、外界に存在する事物とそれが持つ諸性質は、質料と形相の合体という概念的枠組みにおいて説明されているが、そうした事物を私たちが感覚するという事態もまた形相と質料という枠組みにおいて説明される。ただし、私たちが事物を感覚によって捉えるときには、質料と形相の複合体のうち、形相だけが受け入れられているのだとアリストテレスは言う。

しかしすべての感覚について一般的に次のことを理解しなければならない、それは感覚が感覚対象のもつ形相を、それの質料を抜きにして受け入れることのできるもので、例えば封蠟が指輪の印形を〔それの材料である〕鉄や金を抜きにして受け入れ、そして金、あるいは銅のもつ印形を受け取るが、しかしその指輪が〔それの材料である〕金、あるいは銅である限りにおいてのことではないようなものである。しかしそれぞれのものの感覚も同様に、色、あるいは味、あるいは音をもつものによって作用を受ける、しかしそれはそれらのもののそれぞれが〔それぞれのものと〕言われている限りでのことではなくて、むしろこれこれの性質のものである限りでのことである、そして〔それぞれのものと当の感覚との〕関係によって作用を受けるのである。(6)

ここに出てくる封蠟とは、手紙を封緘するために用いられた蠟のことで、蠟が完全に固まる前に指輪を押し当てると、指輪に刻まれた家の紋章等が刻印されるので、蠟が固まって封が出来ると同時に、差出人の印にもなるものである。この封蠟に指輪を押し付けて印形が残るとき、蠟は金や銅でできた指輪の形（形相）を受け入れたことになるが、指輪の素材である金や銅そのもの（質料）を受け入れたわけではない。感覚はちょうどそれと同じように、感覚される対象の形相を受け入れるのみで、質料は受け入れないというのである。

ここでアリストテレスが言っていることは、目の前の対象を質料ごと受け入れてしまう場合と比較すれば、より明確になるだろう。その場合とは、植物も含めてすべての生物が持つとされた栄養的能力の働き、つまり栄養の摂取である。植物は大地から栄養物を摂取するが、それは栄養物を形相と質料の合体そのままで受け入れることにほかならない。私たちが赤い林檎を食べるときも、林檎はその質料ごと体内に摂取されるわけである。しかし、たんに赤い林檎を見て、視覚によってその色を感覚するということは、そうした摂取とはまったく異なった対象の取り入れ方である。感覚においては、栄養摂取の場合のように対象が質料ごと摂取されるのではなく、感覚対象の形相のみが取り入れられるというのはそうした事態を言っている。リンゴの持つ諸形相は、外界の林檎においては質料と合体した仕方で存在するのであるが、私たちによって感覚された林檎の赤い姿は、すでに形相だとされるのである。

よく知られているようにキリスト教が四世紀末にローマ帝国の国教となり、ギリシア思想も排斥されるようになると、アリストテレスの著作は地中海世界からいったん消えて東方でアラビア語化されて保存されるが、十字軍の遠征を経て再びヨーロッパに帰還すると、中世のスコラ哲学で利用されるようになる。もちろんキリスト教とアリストテレス哲学には根本的な相違もあるが、アリストテレスの感覚論も引き継がれていった。最大のスコラ哲学者と言われるトマス・アクィナス（一二二五年頃～一二七四年）においてもそうである。

> …同じくまた、可感的形相 forma sensibilis は、それが魂の外にある事物と、「可感的なるもの」の形相をその質料とは独立に（例えば黄金の色を黄金そのものから離れて）受けとるところの感覚におけるとでは、それぞれ異なった仕方で存在しているのである――。[7]
>
> （『神学大全』第八十四問題、第一項）

ここで「可感的なるもの」と呼ばれているのは、目の前にある林檎などの、私たちが感覚によって捉えることのできる事物のことで、知性的認識の対象である普遍的な「可知的なもの」と対比されている。「可感的形相」は、もともと外界の事物において質料と結合していた形相であるが、それが質料とは離れて感覚に受け取られるという事態が、ここで述べられていることである。もっとも、可感的なるもの（例えば目の前にある一つの林檎）から感覚に受け取られたものである「可感的形相」（例えばこの林檎の赤い色）はすでに形相であるとは言え、それはいわば事物について感覚された姿であって、個別的・具体的なものと言わねばならず、普遍的なものとしての可知的形相（赤一般）とは異なる。トマスは、アリストテレス同様に、感覚によって受け取られた可感的形相（これは可感的スペキエスとも呼ばれる[8]）が表象のうちに保持され、さらに可知的形相（あるいは可知的スペキエス）へと抽象されると考えている。

ともあれ、このようなアリストテレスからトマスに受け継がれる知覚論の構図においては、五感で捉えられた感覚的性質は、もともと外界の事物において質料と合体していた形相がそれだけで感覚に受け入れられたものであるから、外界と感覚する者との双方に存在していることは明白であって、これは私たちの常識（素朴実在論）と同様、質的知覚論の一種と言ってよいわけである。

(三) 感覚的性質の実在性について

さて、このようにアリストテレスから中世に受け継がれる質料形相論では、外界の事物の性質は人がそう知覚する通り事物において存在していると認められているのだが、それはどの程度確かな存在とみなされていたのだろうか。というのも、アリストテレスが用いた例で言えば、無教養な人間が教養ある人間に変わるとき、変化を通じて共通のものとして存在している「人間」は確かに存在していると言えるかもしれないが、「無教養な」とか「教養ある」といった変化する形相の方は、存在としては何か不確かなもののようにも思われるからである。ヘルメスの石像でもそうであって、質料としての石材は何か確かな存在であるように感じられるが、そこに彫り出される形相としてのヘルメスの姿かたちは、彫り出される以前はいったいどこにあったのか、また像が壊れた場合にはいったいどこへ行くのか。さらに林檎の色でもそうで、青かった林檎が赤く色づくとき、変化する青や赤という性質は付帯的形相として林檎に合体しているとはいえ、存在としては何かあやふやなものであるとも考えられるであろう。

しかし、アリストテレスは、すくなくとも質料と結合して一つの実体を生成させる形相は、確かな存在でなければならないと考えている。今、私たちが一つの青銅製の球を作ろうとする場面を考えてみると、完成した青銅球が生成する以前に、もちろん青銅という質料が存在していなければならない。しかし、それだけではない。

質料さえも、生成しないものであるとの理由で、〔形相と結合した個物より先に〕存在しているものとされるからには、これがやがていつかは生成してそれであるに至るところのその〔形相としての〕実体もまた〔同じく個物より先に離れて別に〕存在していると考えられるのが当然である。なぜなら、これ〔形相〕も存在せず、あれ〔質料〕も存在せずとあっては、なにもかも全く存在しないことになろうから。だが、もしこのようなことがありえないとすれば、質料との結合体よりほかに必ず或るなにかが存在すべきである、それはすなわち型式であり形相である。（『形而上学』第3巻、第4章[9]）

だから、あたかもわれわれが【たとえば青銅の球を作る場合に】その基体を、たとえば青銅を、作りはしないように、そのようにまたわれわれは決して球そのもの【球なる形相】を作りもしないのである…。（『同』第7巻、第8章[10]）

形相または実体〔形相としての実体〕の意味で言われるものは生成せず、生成するのは〔質料と形相との〕結合した実体（すなわち形相としての実体の名で呼ばれる具体的個物）であるということ…。（『同』第7巻、第8章[11]）

これらの箇所では、生成するのは個物である青銅の球であり、その質料である青銅がもとからあったのと同様に、球という形相もまたもとからあったのであって、生成するものではない、と言われている。球という性質は、この生成に先だって確かに存在しているのでなければならず、それゆえ実体とも呼ばれているのである。

（もっともプラトンを批判するアリストテレスは、それが個物から離れて存在することをすぐに否定するのではあるが。）ともかく、そうした性質は、形相として確かに存在しているのでなければ、質料と合体して新たな個物を生成させることはできないと考えられている。

しかし以上は、スコラ哲学でいう実体形相に関することである。青銅球のもつ球の形は、まさに青銅球の本質であって、それなしでは青銅球であることはできない。しかし、この青銅球の微妙な色合いや手触りなどは、時と場合によって異なる付帯的形相ということになろう。こちらの付帯的形相もまた、確かな存在だと言えるのであろうか。

この付帯的形相の存在のあり方は、スコラ哲学において議論された論題であったが、この問題と関連する重要な神学的論題があった。それはいわゆる「実体変化」を巡る議論である。カトリック等の教会で行われる聖体拝領の秘跡は、最後の晩餐でイエスがぶどう酒とパンを自らの血と肉として弟子たちに与えたという福音書の記述に基づいているが、これはまた、スコラ哲学者たちが性質を実在的なものと理解する信仰上の根拠ともなっていた。というのも、イエスによって聖別されたパンとぶどう酒は、それらの色、香り、味といった感覚的性質はそのままで、しかし実体としてはイエスの肉と血に変化するとされたから、このことは、実体とは別に性質が実在することを要求しているように見えるのである。

この変化は第四ラテラノ公会議（一二一五年）等で正式に「実体変化（transsubstrantiatio）」と呼ばれ、トリエント公会議（一五四五～一五六三年）でも確認されている。[12]

ここでは先にも触れた十三世紀のトマスから引いておきたい。トマスは、『神学大全』第三部第七十五問において葡萄酒とパンの実体が神の力によってキリストの血と肉という実体に変化し、かつその後もそれらの付帯的形相が存続すると論じ、また第七十七問においてはさらにそうした付帯的形相について詳述している。以下で付帯有と訳されている語はaccidentiaであり、付帯的形相のことを指している。

…この種の諸付帯有は、パンとぶどう酒の実体がそのままにとどまっていた間は、それ自身は存在も他の諸付帯有も有してはいなかった。むしろそれら（付帯有）の実体がそれら付帯有を通じてこの種の存在を有していたのである——雪が白さ（という付帯有）を通じて白くあるように。しかし、聖別の後においては、存続する諸付帯有自身が存在を有する。[13]

雪のもつ「白さ」という付帯的形相は、それ自体として存在をもつわけではなく、この「白さ」を通じて、その基体である雪が存在をもつ。それと同様に、パンやぶどう酒の色、香り、味といった性質は、それがパンおよびぶどう酒と合体していた間は存在を有してはいなかったが、イエスによって聖別されて実体がイエスの血と肉とに変化した後は、そうした付帯的形相自体が存在をもつようになったと言うのである。トマスはここで、パンやぶどう酒の諸性質が、それを支える基体とは別個に存在すると明言しているのである。

付帯的形相が実体と同じだけの確かな存在を持つかどうかは、さらに議論された問題であったが、R・パスナウによれば、十四世紀初頭以来、特にドゥンス・スコトゥス（一二六五ないし六六年〜一三〇八年）の影響で、それらは確かな存在を持つ実在的性質だと考えられたという。[14]

（四）傍流としてのデモクリトスの知覚論とその亜流

このように質料形相論を基礎とした自然観と質的知覚論は、近代以前の自然観および知覚論の主流であったが、その陰でやはり近代にまで消失せずに到達する傍流があった。紀元前五世紀のレウキッポスとデモクリトスに発する古代原子論に基づく自然観と知覚論がそれである。彼らの著作は断片しか残っていないため、彼らの考えは主として伝承によって再構成される。

…しかるに、レウキッポスとその仲間のデモクリトスとは、「充実体」と「空虚」とがすべての構成要素であると主張し、前者をあるもの〈存在〉だと言い後者をあらぬもの〈非存在〉だと言った。すなわち、これらのうちの充実し凝固しているもの〈固体すなわちいわゆる原子〉はあるものであり、空虚〈で希薄〉なものはあらぬものだとしている…。[15]（アリストテレス『形而上学』第一巻、第四章）

基本要素となるべき物体が、画然と区別されたかたちで、数的に無限であることもまた不可能であるが、彼［アリストテレス］以前ではレウキッポスとデモクリトスが、また彼以降ではエピクロスが、そうした想定を立てていた。すなわち彼らは、始源（アルケー）が数的に無限であると語り、それらは「アトモイ」すなわち分割できないものであるとし、「堅緻」であり空虚に与《あずか》らないがゆえに、非受動的であると考えた。すなわち、彼らの言うところによれば、分割は物体内部にある空虚のところでおこなわれるのであるが、これらのアトムは、無限の空虚（虚空間）のうちに相互にばらばらに離れて存在し、形状と大きさと向きと配列を異にしつつ、空虚の中を運動している。そして、相互に行き合うと衝突して、偶然のままに、あるもの同士ははね返るが、あるもの同士は、形状と大きさと向きと配列との適合性に応じて相互に絡み合って「一つの纏まりを保つ」と、それによって合成体の生成が行われる、とするのである。[16]

（シンプリキオス『アリストテレス「天体論」注解』）

彼らの原子論によれば、世界はさまざまな形と大きさをもつ原子と、何も物が存在しない空虚（つまり真空）からなることになるが、アリストテレスはそのような分割の限界と空虚の存在を否定するので、[17]原子論は近代において再興されるまで傍流の位置にとどまったのである。

この原子論は、質料形相論とは異なった仕方で知覚を説明するが、本当に存在するものはさまざまな形と大きさをもった原子のみであり、外界の対象の色や味などのいわゆる質的性質は、本来それらにおいては存在せず、原子の状態から説明されることになる。

…実際、彼はこう主張している、「甘さは約定（ノモス）上のものとしてあり、苦さは約定上のものとしてあり、熱さは約定上のものとしてあり、冷たさは約定上のものとしてあり、色は約定上のものとしてあるが、しかるに諸々のアトムと空虚は真実にある」（これは次のような意味である。つまり、感覚的対象があるということが慣習的に受け入れられ、また思いなされているが、しかしそれらは、真実にあるのではなく、むしろ本当にあるのは諸々のアトムと空虚のみである。）…実際、彼はこう言っている、「しかしわれわれは、真実には何一つ確実なことを理解してはいないのであって、ただ、われわれの身体の状態に応じて、そして身体に流れ込んだりあるいは身体に対して抵抗するアトムの状態に応じて変化するものを理解しているに過ぎないのである」。[18]（セクストス・エンペイリコス『諸学者論駁』）

…だが、デモクリトスとレウキッポスは形体（アトム）を原理として立てて、質的変化や生成はこれら形体に起因するとしている。すなわち、これら形体の分離や結合によって生成や生滅が生ずるとし、一方、それらの配列や位置によって質的変化が生ずるとしているのである。[19]（アリストテレス『生成消滅論』第一巻、第二章）

しかしこれだけでは、私たちの身体の外にある物体の原子の配列や位置がどのようにして私たちに知られるのかははっきりしない。最初の引用では「身体に流れ込んだりあるいは身体に対して抵抗するアトム」と言われていて、このことは外部対象に手で触れる触覚の場合や、食物を口に入れたり鼻に近づけたりする味覚や嗅覚の場合には理解しやすい。実際デモクリトスは、特に味覚について、どのようなアトムの形状がどのような味をもたらすかを述べている。そして視覚についても、同じように何か物質的なものが外部の対象から知覚者まで飛んでくると考えられている。いわゆるエイドーラ（写影像）説と呼ばれている主張である。

レウキッポス、デモクリトスおよびエピクロスは、写影像（エイドーラ）の進入によって目に見える性状はもたらされる、と考えている。[20]（アエティオス『学説誌』）

すなわち、彼らは、視覚対象からそれと類似した形態の写影像なるものが絶え間なく流出していて、これが視覚に飛び込んでくることが、ものを見ることの原因である、としていた。…[21]（アレクサンドロス『アリストテレス「感覚と感覚されるものについて」注解』）

また、デモクリトスは色について、例えば白は滑らかな形状をしており、黒はごつごつとしている等とも言っているようであるから、[22]一つの整合的な理解としては、外部の対象からそれとそっくりな写影像が飛び出して目に入り、その写影像を構成するアトムの形状によって対象の色が知覚されると考えておくこともできよう。

音が空気の運動であるという考え方はすでにアナクサゴラス（紀元前五〇〇年頃～四二八年頃）にあったが、[23]視覚を媒介する光の本性に関する研究が進みだすのは近代に至ってからで、アリストテレス－トマス説にせよエイドーラ説にせよ、まったくの手探り状態の仮説であった。アリストテレス－トマス説の場合、そもそも質料なしで受け入れられる形相というものがいかなるものであり、それがどのような仕方で受け入れられるのかは不明なままである。こうしたことから中世には、この質料なしの形相、トマスの言う可感的スペキエスが一種の物体的なものであるという、エイドーラ説との折衷案も生まれている。[24]こうした錯綜した知的状況の中で次第に近代が準備されてゆくが、次節でみる新しい科学的知覚図式の形成者たちは、主流であるアリストテレス－トマスの質料形相論およびそれに基づく質的知覚論を退け、むしろ傍流であったデモクリトスらの原子論的自然観とそれに基づく質的性質の説明に光を当ててゆくことになる。

第二節　科学的知覚図式の登場

この節では、実在する外界から感覚的性質を剥奪する科学的知覚図式が十七世紀に登場する様子を、まずその出発点であるガリレオとデカルトにおいて確認してみたい。

(一)　ガリレオの原子論

実在する外界から感覚的性質を剥奪する新しい自然観の嚆矢は、しばしば指摘されるように、ガリレオ・ガリレイ（一五六四年～一六四二年）の『贋金鑑識官』（一六二三年）における以下のような記述であろう。

わたしが、ある質料とか物体を考えるとき、ただちにイメージとしてえがく必要にかられるのは、つぎのようなものだと考えます。つまり、そのものが、しかじかの形をして境界と形態とをもっており、他のものと比べて大きいか小さいか、また、しかじかの場所に、しかじかの時刻に存在し、運動しているか静止しているか、他の物体と接触しているかいないか、一個か多数個かということなのです。いかなるイメージをつくる場合も、物質をこれらの条件から切り離して考えることはできません。しかし、その物質が、白いか赤いか、苦いか甘いか、音を出すか出さぬか、芳香を発するか悪臭を放つか、というこういった条件をかならず含めて、その物質を理解しなければならぬとは考えません。それどころか、もし諸感覚がわたしたちにともなっていなければ、理性や想像力それ自身だけでは、それらの性質にまでは到達しないはずなのです。したがって、これら味や匂いや色彩などは、それがそこに内在しているかにみえる主体の側からみると、たんなる名辞であるにすぎないのであり、たんに感覚主体のなかにそれらの所在があるにすぎない、とわたしは思うのです。だから、感覚主体が遠ざけられると、これらの性質はすべて消えうせてしまうのです。しかしながら、わたしたちは、他方の第一の実在的性質に、これらの性質とは異なる特定の名辞を与えたので、その他方の性質もまた、真であり、かつ現実的であるという点において、これらの性質と異なるもう一つのものだ、というように信じがちなのです。[25]

ここでは、物体に固有の性質と、感覚主体にとってのみ存在する性質とが明確に区別されている。また、これに続く箇所では、具体的な例に即して説明が行われているが、さまざまな触覚や味覚や嗅覚が、古代以来の四元素の一つである土の元素からなる微粒子の形の差異、その多少、運動の遅速などによって説明できるとされている。音の感覚についても同様の主旨が述べられた後、次のようにまとめられている。「かくして、わたしたちのうちに、味、匂い、音を生じさせるのに、外的物体について、その大きさ、形、数、遅いもしくは速い運動といった以外のものが必要であるとは思いません。[26]」つまり、ガリレオは、彼が「第一の実在的性質」と呼ぶものを、諸感覚の原因として捉え、色や味や匂いといった感覚的性質の存在を感覚主体の中だけに閉じ込めているのである。

ここにはデモクリトス的な原子論の反響をみることができると思われるが、ガリレオがどのような経路でこうした考えに至ったかははっきりしない。若きガリレオが影響を受けたアルキメデスを経由した可能性もあるし、また当時のヨーロッパの知的世界には、すでに原子論がかなり知られていたという指摘もある。シェイクスピアはガリレオと同年の生まれであるが、彼の戯曲にも原子という言葉が登場するのは、それが観客によく知られた流行語になっていたからだという推測である。[27] いずれにしろ、先にも述べたように原子論の考えは消失することなく近代にまで受け継がれるのであり、ガリレオはそうした伝承に触れていたものと推測される。ただし、ガリレオの中で確定的な原子論が存在していたと考えることはおそらくできない。というのも、この形の原子論は晩年には維持されていないと思われるからである。

ル・グランは、ガリレオが『新科学対話』（一六三八年）の中で、『偽金鑑識官』（一六二三年）とはまったく異なった物質観を提起していることを強調した。彼の見方によれば、ガリレオは、彼が一六一四年ないし一六一六年から関心を抱き、『偽金鑑識官』においても困難な問題として言及していた問題を『新科学対話』では、「数学的原子論」によって解こうとしているというのである。その問題とは、物質の希薄化と凝縮の仕組みを解明するという問題である。[28] この問題について『偽金鑑識官』では次のように述べられていた。

また、物体が粒子の分離なしにどうして希薄化がおこるのか、この希薄と凝縮がいかにしておこるか、その過程——この点サルシは、大層自信をもって語っているが——について、わたしはもっと明確に説明してほしかったのです。というのも、これは自然の最も知られていないむずかしい問題の一つなのだからです。[29]

一方、『新科学対話』の第一日目の主題は、物体の破壊に対する抵抗力であって、固体の各部分が接合している粘着力ないし凝集力の原因が考察されている。そして、その際、数学的原子論のようなものを想定すれば、固体の凝集力や膨張、収縮の問題を理解しうると明言され、金などの引き伸ばしが例として挙げられているから、膨張や収縮の問題を第一日目の議論を解釈する鍵と見るル・グランの見方は、的を射ているように思われる。

それでは、「数学的原子論」とは何か。そこに至る議論の道筋を簡略に追ってみよう。まず、テーマである破壊に対する抵抗力に関して、固体の諸部分を粘着する力の候補として、「自然の真空に対する嫌悪性」と「粘着物質」の二種が想定される。「自然の真空に対する嫌悪性」が固体の諸部分を粘着させるということは、よく磨かれた二枚の大理石ないし硝子の板を引き放そうとしても、それが非常に困難であるという例で説明されている。その原因は、板が引き放される時に、たとえ短時間とはいえ真空が生じることを自然が嫌うからである。次に、二枚の板の間に働くような大きな真空による抵抗力が、物体の微小部分を結合する凝集力に比べて非常に小さいことが議論され、それによって真空以外の抵抗力を想定する必要が提示される。

しかし、最初に真空と共に粘着力の原因として掲げた「粘着物質」をその微小部分の結合力と考える道はすぐに否定される。それは、金や銀などが長時間高熱の炉に入れられても、炉から出されるとすぐにその諸部分が結合するという事実が存在するからである。というのも、仮に金や銀の諸部分を粘着物質が結合しているとすれば、その物質はそのような長時間の加熱に耐えた後も粘着力を失わないということになろうが、これは不可能だと思われるからである。

ここで議論は、微小部分の結合の原因として再び真空を考えるという方向に進んで行くのだが、その際、物質の微小部分を結合している力が非常に大きいという先に確認された事実をうまく説明できるような解決がなければならない。

そこで提案されるのが、物体の中に微粒子を結合するための「無数の真空」が存在するという考えである。

小さな真空であっても、それが無数であれば、その結合力は十分大きいものと想定できる。しかし、有限の物体の中に「無数の」すなわち無限の真空が存在するということに対して、反対者から直ちに疑義が呈せられる。この疑義を解消するために持ち出されるのが、幾何学的な証明なのである。

詳細を再録することは控えるが、サルヴィヤチ（ガリレオの代弁者）は、「アリストテレスの車輪」と呼ばれる幾何学的問題[30]の解法を示しながら、有限の線分が、「無限に多くの、無限に小さい、不可分の部分」と、その間の無数の「無限小で且つ不可分の空隙[31]」から成っていることを示す。これは、線分が無限個の点とその間の無限個の空隙とからなるということである。

重要なことは、ここで語られている「線分」が単に幾何学的なものと考えられているのではなく、現実的物体にそのまま応用され得るものとされている点である。サルヴィヤチは言っている。

さてこの単純な直線についていわれたことは、面や立体が、有限ではなく無限に多くの原子から出来ていると考えれば、それ等の場合にも当嵌るということは了解できるでしょう。物体を一度有限数の部分に分割した後、それ等を再び集めて前よりも広い場所を占めさせるには、有限の空隙、即ちその物体をつくっている物質が存在していない空間を間に挿入しなくては出来ません。しかしもしこの物体を何等かの究極的な分割法によって、無限に多くの究極元素に分かったとすれば、その間に有限の空間を挿入しなくても、無限に多くの無限に小さな空間を挿入することによって、いくらでも大きな物体にすることができます。例えば金の小球は、有限の空隙を挿入しなくても、非常に大きな物体に伸ばすことができますが、それは金が無限に多くの不可分の部分から出来ているとさえすれば容易に理解し得ることです。[32]

他の箇所でも述べているが、ここでもガリレオは、物体の膨張を説明するに際して、有限の空隙が物体の微小部分の間に挿入されるという解釈を退けているが、それは、もしそう考えた場合に、物体の不可入性が破壊されると考えるからである。こうした困難を回避しながら、しかも膨張をうまく説明するための方策が、物体を無限小の原子と無限小の真空の無限に多くの集合とする考えであった。ここで言われている「原子」は大きさを持たない数学的性質のもので、しかもそれが現実の物体を構成しているというのがガリレオの考えであった。

さて、こうした原子観は、先に見た『偽金鑑識官』の物質観とはそのままではまったく整合しない。『偽金鑑識官』では、さまざまな触覚や味覚、嗅覚が、土の元素からなる微粒子のさまざまな形の差異、その多少、運動の遅速などによって説明できるとされていたが、『新科学対話』の原子では、そうした説明は不可能である。数学的な点にすぎない原子の「形の相違」を私たちは語ることができないからである。また、両者を整合させるために、物体は最終的には無限小の原子から成るが、中間的な段階においては、さまざまな形を持つ微粒子を形成しているという折衷案を想定しても無駄であろう。なぜなら、中間段階の微粒子が一定の大きさや形や運動を持つと仮定すれば、それらの間に有限の大きさを持った空隙を想定しなければならず、これでは無限小の原子を導入した意味がまったく無くなってしまうからである。

したがって、『偽金鑑識官』での原子観は、『新科学対話』ではもはや維持されているとは言いがたい。また、この数学的原子論にしても、ガリレオの確信として表明されているわけではなく、物体の膨張や凝縮の説明のための試論として提起されているにすぎないのである。

こうした状況を考えれば、ガリレオにおいては確定的な物質理論と呼ぶことのできるものはなく、『新科学対話』での数学的原子論は、仮説的なものに留まっているし、まして『偽金鑑識官』におけるデモクリトス的な原子論も確定的なものではなかったと言わねばならない。

また、ここからもわかることであるが、たんに原子論的見方が採用されるというだけでは、外界から感覚的性質を剥奪する科学的知覚図式が採られていると言うことはできない。実際、例えば次にみるデカルトの同時代人であるフランスのピエール・ガッサンディ（一五九二年〜一六五五年）は、エピクロスの原子論を復興した人として知られているが、にもかかわらず彼は科学的知覚図式の採用者とは言えない。というのも、彼は外界の物質が原子からなることを認めつつも、色などの感覚的性質もまた、外界に存在することを認める立場をとっているからである。

事物の唯一の物質的原理は原子であり、先に示したように、原子においては大きさ、形、重さ、運動以外の性質はないというのが正しいとすれば、事物自体のなかに、色、熱、味、香りほか無数に多くの付加的な性質が生み出され、存在するのは何によってなのだろうか（強調は筆者）。[33]

これら原子は、物体において存在する物質的素材ないし実体の全部なのであるから、私たちがそれら物体において何か他のものが存在すると考えたり気付いたりするとすれば、それは実体ではなく、実体のある種の様態にすぎない。すなわち、この素材ないし物質的原理の一定の組織、固まり、配置であり、あるいは、そこから派生するところの、その希薄さないし濃密さ、柔らかさないし固さ、大きさあるいは嵩、輪郭ないし形、さらには色、像、可動性、不活性などがそれである（強調は筆者）。[34]

つまりこうした立場によれば、私たちは外界の真の姿である原子論的構造を知覚することはできないが、それに依存して成立している色などの諸性質を持った事物は知覚できる。それら諸性質は、真の意味での存在とは言えないにせよ、何かしらの存在を持つので、私たちは外界についてやはり何かしら知っていると言えることになる。つまり、同じく原子論的な哲学といっても、さまざまな立場の相違があるのである。[35]

（二）デカルトの粒子仮説と知覚論の革新

フランスのルネ・デカルト（一五九六年〜一六五〇年）はイタリアのガリレオにちょうど一世代ほど遅れて生まれ、同じ時代を生きている。先の『贋金鑑識官』が出版された一六二三年はガリレオ五十九歳の年であったが、このときデカルトはまだ三十歳の手前であった。当時のガリレオにデモクリトス流の原子論が見られる一方、デカルトがこの頃書き、回覧されたと言われる『精神指導の規則』には、まだアリストテレス－トマス流の知覚論の影響を見て取ることができる。というのも、第十二規則の説明では、感覚について先の蠟と印形の比喩が使われ、感覚が形の受け入れだと述べられているからである。しかし、後になると、この説明は原子論的なものに変化する。

…私は申し上げたいのだが、これら諸性質［熱、冷、乾、湿］は、それ自体説明される必要があると私には思われるし、またもし私が間違っていないなら、これら四つの性質のみならず無生の物の持っている他のすべての諸性質および諸形相すらもが、それら無生の物の諸粒子の運動と大きさと形態と配列以外に何も仮定を要せずに説明されうるのである。[36]（『宇宙論』）

…こうして、一つの物体［身体］の運動が他の物体の運動によって引き起こされること、そしてその微小部分〈partie〉の大きさ、形、運動によって異なったものとなることを、われわれは非常によく理解できる。…われわれは、物体のさまざまな運動がそれだけで心にさまざまな感覚のすべてをもたせることも経験によってよく知っており、しかもこうした運動以外のものが感覚器官から脳髄へ行っているとは認められないのであるから、あらゆる点からみて次のように結論しなければならない。すなわち、対象におけるすべて、すなわちその光、色、匂い、味、音、熱さ、寒さ、その他の触覚的性質や実体的形相の名で呼ばれているものは、対象の微小部分のさまざまな形、状態、大きさ、運動にほかならず、これらはその配置によってわれわれの神経をさまざまな仕方で動かすことができ、私たちの心にさまざまな感覚すべてを引き起こすのだと。[37]（『哲学原理』）

これらの箇所では、物体の微小部分について、その大きさ、形、運動などのみがその固有の性質として認められ、それらによる運動が、外部感覚器官から神経を経て脳髄に伝わり、そこで心の中にさまざまな感覚を引き起こすと考えられている。光や色、匂いなどはすべて、外部対象の微小部分の大きさ、形、運動等に依存しているわけである。デカルトは、こうして、外部対象に固有の性質と、それ以外の性質を明確に区別し、外部対象の持つ物理的性質を、色や音などの他の性質の原因としたのである。

ただ、注意が必要なのは、このようにデカルトが「物体の微小部分」について語るからといって、彼がいわゆる原子論の立場を採っているわけではない、ということである。というのも、原子論は、分割できない原子と、その原子が動く真空とを想定するのだが、これらは、いずれもデカルトにとっては認め得ないことだったからである。[38]

有名な『省察』の蜜蝋の比喩[39]で明らかなように、彼にとって物体とは延長の別名であった。したがって、たとえ空虚と思われる空間でも、延長がある限り、それは物体と事実上同じことなのである。[40] ここからまた、宇宙が有限ではなく、無際限なものであるということも帰結する。というのも、いくら宇宙の限界を考えてみても、その限界の外の延長を必ず想像することができるからである。[41]

このように、全宇宙を通じて一つの同じ物質だけが存在しており、また私たちはそれを、延長しているということだけから認識する。なぜなら、物質において私たちが明晰に覚知する性質は、物質が部分に分かたれることができ、その各部分に応じて動くことができ、したがってその諸部分の運動から生じると見ることができるあらゆる状態をとりうることにのみ帰せられるからである。[42]（『哲学原理』）

このように、デカルトにとっての物質は、すなわち無際限な空間であったが、この空間に隙間無く充満している物質の諸部分の運動によって、物質に関するあらゆる事柄が説明されるのである。

さらにデカルトが画期的だったのは、粒子仮説と呼ばれるこうした物質観に基づきつつ、光に関する考察によって新しい知覚論を打ち出した点にあった。『屈折光学』（一六三七年）では、さまざまな色の感覚について、盲人が杖の先で触って対象を識別することが譬えとして用いられている。

このことで一つたとえを挙げるなら、この盲人が出会う物体の運動ないし抵抗が、その杖を介して手の方に伝わるのとちょうど同じように、光るものと呼ばれる物体にあっては、光というものは空気や他の透明な物体を介して私たちの眼の方に伝わってくる、非常に速く、非常に活発な何らかの運動または作用にほかならないと考えていただきたい。このことで、まず、光がその光線を太陽から私たちのところまで一瞬で届け得ることを奇妙だとは思わなくなるであろう。なぜならご存知のように、杖の一端を動かす作用は、やはり一瞬にして他端にまで伝わるはずであり、その作用は地球から天空までのようにあり得ないような距離だったとしても、やはり同じように伝わるはずだからである。そのような仕方で私たちがあらゆる種類の色を見ることができるということもまた、奇妙だとは思われないであろう。色があるといわれる物体にあっては、これらの色というのはまさに、その物体が光を受けて眼の方に反射するさまざまな仕方にほかならないとおそらく考えられよう。というのも、盲人が木、石、水などを、杖を介して区別する場合の相違が、私たちが赤、黄、緑、その他すべての色を区別する場合の相違と違わないように思われるからである。いずれにせよ、これらの相違はこれらのどの物体にあっても、杖の動きに対するさまざまな運動ないし抵抗の仕方にほかならないと思われるであろう。したがって、私たちに色や光が見えるためには、なにか物質的なものがその諸対象から眼まで伝わってくるのだと想定する必要はないし、その諸対象のなかには、これについてわれわれが抱く観念や感覚と似たものがまったくないとすら考えてもよいであろう。（中略）これによって哲学者たちの想像力をあんなにも悩ましている〈志向的形象〉*especes intentionelles* という名の、空中を飛びまわる小さなイマージュから、あなたがたの精神はいっさい解放されるであろう。[43]

ここでデカルトはまず、杖を伝わる運動の比喩によって、光を何らかの媒質を伝わってくる運動ないし作用と捉えている。これによって彼は、(1)光の伝播速度が非常に速いことを説明し、(2)また色の相違を物体から反射されて目に伝わる運動の相違で説明することで、(3)空中を飛び回るというイメージの存在を否定している。最後の especes は、ラテン語のスペキエス species のフランス語訳であるから、アリストテレス－トマス由来の知覚論における形相を意味するのであるが、対象と似た物体的なイメージが空中を飛び回るとされていることから、これは純粋なアリストテレス－トマス説ではなく、デモクリトス説との折衷型のことを指しているものと思われる。ここでは物体的なものが対象から眼まで伝わってくることも、また対象と似たものが伝わってくることも否定されており、伝播するのは媒質の運動だとされている。先にみたように音が空気の動きであるという考えはすでに古代ギリシアにあるから、デカルトはそれを視覚にも適用したのかもしれない。

このような光に関する新たな見方によって新しい視覚論が切り開かれると同時に、私たちが外界について抱く観念や感覚が、実在する外界とまったく似ていないということも、デカルトによってはっきりと宣言されている。つまり、私たちは外界を色や音や手触りなどの感覚的性質に満ちたものだと受け取っているのだが、実在する外界はそうではないのだとデカルトは別の箇所でも明確に宣言しているのである。

私たちが思惟に際して持つ観念は、これら観念がそこから由来する対象とまったく類似していると、一般にどんな人も信じこんでいるのであるが、にもかかわらず、そうだと私たちに確信させる理由を、私は少しも見いださないのである。[44]（『宇宙論』）

…つまり、私の外部に、そこから上述のような［天地や星の］観念が出てきたものが存在し、それらの観念はこのものとまったく類似している、ということであった。まさにここにおいてこそ私は誤っていたのであり、…[45]（『省察』省察三）

こうしてデカルトにおいて新たな知覚論が提案されたことによって、外界から感覚的性質を剥奪する科学的知覚図式は、確かな基礎を獲得したと言えるであろう。

同時期にやはり科学的知覚図式を主張した人としてイギリスのトマス・ホッブズ（一五八八年～一六七九年）がいるが、彼については第四節で論じたい。第四節では、科学的知覚図式が主張される根拠について検討するが、ホッブズの特徴はむしろその点によく表れていると思われるからである。

第三節　その後の継承と展開

（一）ホイヘンスとボイル

デカルトの新しい哲学は広範な影響を及ぼすが、一世代後になるオランダのクリスチャン・ホイヘンス（一六二九年～一六九五年）もまた、科学的知覚図式を支持している。彼は『振子時計』の著者としてよく知られているが、それと並ぶもう一つの主著『光についての論考』も出しており、それと合わせて公刊された『重さの原因についての叙説』では、デカルト的な立場から重さの原因を論じている。例えば、その冒頭には、次のような記述がある。

デカルト氏は、先駆者達よりも次のことをよく認識していた。すなわち、自然学においては、私たちの精神の射程を越えない原理に帰しうるもの以外は、何も理解されないということである。そうした諸原理とは、質を欠くもの（sanz qualitez）と想定された物体ならびにそれらの運動に依存する諸原理のようなものである。[46]（強調は筆者）

また、『光についての論考』第一章冒頭部分では、視覚に関する次のような記述もある。

また、この［機械論的な真の］「哲学」によれば、視覚の感覚は私たちの眼底にある神経に作用する、物質の何らかの運動の刻印によってのみ惹起されるものであることが確実とみなされるから、これもまた、光が私たちと光る物体との間に存在する物質の運動に存するということを信じる一つの根拠である。[47]

ホイヘンスは、これらの箇所で、質を欠く物体とその運動のみを自然学の原理とし、それによって視覚を説明するデカルト的知覚図式を踏襲しているように思われる。

イギリスのロバート・ボイル（一六二七年〜一六九一年）は、ホイヘンスとほぼ同時代人である。彼は幼少期からディオゲネス・ラエルティオスの『ギリシア哲学者列伝』を愛読し、自らデモクリトスやエピクロスの考えを学んでいたことが知られているが、同時に『形相と質の起源』（一六六六年）でデカルトにも言及し、彼の考えを批判的に継承・発展させてもいる。ここではその詳細に立ち入ることはせず[48]、外界からの質の剥奪という点についてだけ確認しておきたい。

ところが実際には（私たちが上で詳しく示してきたことに従えば）、これらの［色や音や臭い等といった］可感的諸質が帰属させられる物体中には、それを構成する粒子の大きさ、形、運動ないしは静止、成分粒子が現在存在するように組み立てられて生じた全体の構造以外のどんな実在的物質的要素も存在しないのである。したがって物体を構成する粒子の形、大きさ、構造中に、それらが私たちの中に生じさせた観念に似た何かがさらに存在する必要もないのである。…[49]

このように外界に実在する物体においては、それを構成する粒子の形、大きさ、運動状態と構造のみを認めてそこから感覚的性質を説明し、特に私たちが外界の物体についてもつ観念が実在する物体に似ていないとする点は、デカルトの記述を引き継ぐものと考えてよい。ただし、実在する外界の物体のもつ性質と、色等の感覚的性質との関係については、ボイルはもう少し微妙な言い方をしている。

好意的な意味においては、この世に動物がまったくいなくとも物体が可感的と呼ばれる性質をもち得るということは、私は否定しない。というのは、そのような場合には、物体は、今やまったく質を欠いている物体からは異なっているに違いないからである。というのは、この物体は、もしそれがある動物の感覚器に適切に作用すれば可感的質を産みだすような構成粒子の傾向性（disposition）をもち、別の構造をもつ物体ならそうはならないという点で異なっているからである。（中略）それで、もし弾けば調律されていることがわかるような仕方で弦がまったく適切に張られているならば、そのリュートは実際に弾かれようと弾かれまいと、調律されていると、私たちは言うのである。（中略）それゆえ、もし感覚をもった生物が存在しなければ、いま私たちの感覚の対象になっている諸物体は、そう言ってよければ、ただ傾向性として（dispositively）色、味などをもっているにすぎず、現実的には、これらの物体のより普遍的な性質である形、運動、構造などをもっているにすぎないのである。[50]

ボイルが挙げているわかりやすい例に即して言えば、弦楽器のリュートが「調律されている」という質的性質は、本来はそれを弾いて音を聞いて初めて言えることであるが、一度よく調律されたものであれば、たとえ人がリュートを演奏しない場合であってもそのリュートについて「調律されている」と言われるので、感覚するものがたとえこの世に存在しなくとも、そのリュートは「調律されている」という質的性質をもつと言うことは不可能ではない、ということになる。他の感覚的性質でも同じで、例えば物体の色は、物体を構成する粒子の形、大きさ、構造、運動状態によって変わるので、物体が色と呼ばれる感覚的性質と無関係だとすることはできず、もし私たちがそれを見れば色の感覚を生じさせるような傾向性（disposition）をもつという意味においてなら、感覚者の存在するしないにかかわらず物体は色をもつと言うことは可能だというのである。

このようなボイルの立場は、今日の議論において、傾向性主義（dispositionalism）と呼ばれている立場であり、外界から感覚的性質の存在をまったく排除しようとする排除主義（eliminativism）とは区別されて論じられている。しかし、私たちが感じるような感覚的性質が外界から除去されているという点では、傾向性主義も排除主義と何ら変わりはないと言うべきである。両者の対立は、例えば「色とは何か」という色の本質を巡るものであり、あるいは色という概念をどう定義すべきかについての立場の相違という性格が強いのではないだろうか。というのも、通常の色の知覚の説明を考えるとき、色を外界から排除する排除主義者といえども、感覚される色が外界の物体表面の光の反射率と関係するという、傾向性主義者が重視する事実を否定しはしないだろうからである。色というものを私たちが感覚する主観的で質的な体験と定義すれば、排除主義者のようにそれは外界からは排除されることになるが、色の主観的体験の基盤となる外界の物体の状態をも含めて色を定義するのであれば、傾向性主義者の言うように色は外界にも存在するようになろう。これは色を存在論的にどのように定義するかの違いである。そしてどのように定義するにせよ、私たちが体験するような感覚的性質が外界から追放されているという点では、両者の立場は同じことになるのである。

(二) ロックの認識論

近代認識論の父と呼ばれるジョン・ロック（一六三二年～一七〇四年）は、ボイルより五歳年下であり、ニュートンよりちょうど十歳年上であった。ロックの『人間知性論』（一六八九年）は、次にみるニュートンの『自然哲学の数学的原理』（一六八七年初版）とほぼ同時期に出版されており、ニュートンの『光学』初版はロックの亡くなった一七〇四年に出されている。ロックは、科学的知覚図式に関する概念を整理し、新しい用語法を与えた点で重要であった。

まず彼は、観念（Idea）と性質（Quality）とを区別し、何であれ私たちの精神が自らの内に知覚するもの、知覚や思念や理解力の直接的対象が観念であるとし、そうした観念を私たちの精神の内に生み出す力（Power）をこの力が存する基体の性質とする。例えば雪の玉は私たちのうちに白さ、冷たさ、丸さの観念を産み出す力をもつが、雪の玉にあるものとしてのこうした力は性質と呼ばれるというのである。[51] 観念という語のこうした用法はデカルトを踏襲したものと言えるが、[52] 性質という語を対象の側に限定するのはロック独自の用語法であろう。その上で彼は物体の性質を三つに区別するが、ここでは第一性質と第二性質の規定だけをみよう。

最初に、物体の硬い部分のかさ（Bulk）、形、数、位置、運動もしくは静止。これらは、私たちが知覚するか知覚しないかにかかわらず物体にある。また人工物の場合に明らかなように、私たちがそれを見いだせる大きさのときは、これらの性質によって、事物そのものにあるのと同じ事物の観念が得られる。これを私は第一性質（Primary Qualities）と呼ぶ。

次に、ある物体にあり、物体の感覚できない第一性質のために、ある特定の仕方で私たちの感覚のどれかに作用し、それによって私たちのうちにいくつかの色、音、匂い、味などのさまざまな観念を産む力（Power）。これらは普通、可感的性質と呼ばれている。[53]

二番目のものは第二性質（Secondary Qualities）と呼ばれるが、この第一性質、第二性質という呼称がスコラ哲学に由来し、それがさらにアリストテレスの二種の性質の区別に由来することはすでにみた（本章第一節

（一）および注5参照）。ここでは物体に帰属する性質が巨視的なもの（第一性質）と微視的なもの（第二性質）に区別され、後者が私たちのうちに色などの観念を産出すると規定されている。またこの産出の仕組みについては、物体が作用する衝撃（impulse）によるとされ、何らかの運動が事物から脳あるいは感覚の座（the Brains or the seat of Sensation）に伝わるものと考えられている。(54)

（三）ニュートン

アイザック・ニュートン（一六四二年〜一七二七年）も原子論的立場を採り、また物体固有の性質とそうでない性質とを区別しているが、物体固有の性質のリストは彼独自のものである。いわゆる万有引力の法則が公表された『自然哲学の数学的原理』（一六八七年初版）第三篇の冒頭には「哲学することの諸規則」が挙げられているが、そのうち、規則Ⅲでは次のように述べられている。

物体の性質で、増強されることも軽減されることもできない、実験によって見いだされるかぎりのあらゆる物体について符号するところのものは、ありとある物体に普遍的な性質とみなされるべきである。なぜなら、物体の性質は実験による以外われわれに知られないから、あまねく実験と合致するようなものはすべて普遍的なものであると考えられねばならない。また減損されえないものは、除き去ることができないものである。疑いもなく、実験の示すところに反して軽率に、夢想がつくりだされてはならないし、自然（の諸現象間）の類似性《アナロギア》から身を退《ひ》くことがあってはならない。自然は常に単純であり、常にそれ自身に倣《なら》うものだからである。

（中略）

（物体）全体の拡がりとか硬さ、不可入性、可動性、また慣性力とかは、（物体の）各部分の拡がり、硬さ、不可入性、可動性、慣性力から生ぜ［しめ］られる。したがってあらゆる物体を構成する最小部分もすべて拡がりをもち、硬く、不可入であり、可動的であり、慣性力を授けられていると結論するのである。そしてこれは全（自然）哲学の基礎である。(55)

ここでは、すべての物体について共通で、物体から除去できず、実験によって確認できる普遍的性質について語られている。そして、そうした性質として具体的に、物体の延長（拡がり）、硬さ、不可入性、可動性、慣性力が列挙されている。(56) また、この規則Ⅲは、一七一三年の第二版で初めて登場したものであるが、マッガイアによれば、この規則Ⅲを書くためにニュートンが用意した草稿の中には、この規則の基準により排除される性質として、「熱と冷、乾と湿、明と暗、色と黒、不透明と透明、芳香と悪臭、酸っぱさ・苦さ・甘さ」などの感覚的性質が挙げられているという。(57) それゆえ、ここでもまた外界の物体から質的性質が剥奪されているとみることができる。

さらにプリズムによる自然光の分光実験でよく知られているように、ニュートンによる光学の進展も科学的知覚図式の定着を促進した。ニュートンは、太陽光をプリズムで分光して七色を区別し、またそれを逆に合成して元に戻すことによって、各色の違いが光の屈折率（および反射率）の相違に基づくこと、また自然光がそれらの合成から成立していることを示した。

『光学』（一七〇四年）第一篇、第二章の命題Ｘ問題Ｖでは、自然物の色がそうした光の性質の相違から説明されている。

それゆえこれらの色が生じるのは、自然物のあるものはある種の光線（Rays）を、他のものは他の種の光線を残りの光線より多く反射することによる。鉛丹は屈折性が最も少ない光線、つまり赤を生み出す（Red-making）光線を最も多く反射し、それゆえ赤く見える。菫《すみれ》は屈折性が最も大きい光線を多く反射し、それゆえにあのような色になる。他の物体についても同じである。すべての物体は自らの色の光線を残りの光線より多く反射し、そして反射光におけるその光線の過剰と優越性とによって、その色をもつのである。(58)

こうして、光の屈折性の度合いと色の相違とが具体的に結び付けられることによって、科学的知覚図式はより具体的なものへと進展している。また、赤を生み出す光線（Red-making Rays）という言い方にも表れているように、ニュートンは、光線そのものが色をもつという考えを同じく第一篇、第二章の「定義」の中で否定している。

私が光や光線についてそれらが色を帯びているとか色を与えられていると言うときはいつでも、哲学的に、正確に言っているのではなく、大まかに、一般の人々が先の実験すべてを見て思い描くような考えに従って述べていると理解していただきたい。というのも、正確に言うと光線に色はついていないのである。光線のうちにあるのはただ、あれこれの色の感覚をひき起こす一定の力（Power）と傾向性

（Disposition）だけである。というのも、音は鐘や楽器の弦、その他の音を出す物においては震動以外の何ものでもなく、空気中においては対象から伝播してきた運動以外の何ものでもなく、感覚器官において、音という形態をとったその運動の感覚になるように、同様に色は、対象中においてはあれこれの種類の光線を他のものよりも多く反射する傾向性（Disposition）以外の何ものでもなく、光線においてはそれらはあれこれの運動を感覚器官へ伝搬する傾向性以外の何ものでもなく、また感覚器官においては、色という形態をとったそれらの運動の感覚となるのである。[59]（強調は筆者）

ここでは、一般の人の考え、つまり外界の対象がさまざまな色を実際にもっているという考えと、哲学的で正確な考えとが対比され、後者においては、外界の対象も光も色づいてはおらず、色の感覚を引き起こす力と傾向性をもつのみだと言われている。すでにみたように傾向性（Disposition）という語はすでにボイルが『形相と質の起源』（一六六六年）で使用しているものであり、力（Power）という語はロックが『人間知性論』（一六八九年）で用いていた語であった。

また、感覚器における光の受容については、ニュートンは第三篇に付加された「疑問」において、推測として慎重に述べている。

光線は眼底に落ちて網膜上に振動を引き起こすのではないか。この振動は視神経の固体繊維に沿って脳にまで伝えられ、視覚を引き起こす。…[60]（疑問十二）

何種類かの光線が何種類かの大きさの振動を産み、これらの振動が、空気の振動がそれぞれの大きさに応じてそれぞれの音の感覚を引き起こすのとちょうど同じ仕方で、それらの大きさに応じてそれぞれの色の感覚を引き起こすのではないか。…[61]（疑問十三）

視覚は主として、光線によって眼底に引き起こされ、固く透明で均質な視神経の毛状繊維を通って感覚の場所（the place of Sensation）へと伝播したこの媒質の振動によって遂行されるのではないか。そして聴覚は、空気の震えによって聴神経中に引き起こされ、固く透明で均質なこの神経の毛状繊維を通って感覚の場所へ伝播したこの媒質もしくは何か他の媒質の振動によって遂行されるのではないか。他の感覚についても同様である。[62]（疑問二十三）

ここでは、神経を通って「感覚の場所（the place of Sensation）」へ伝わった振動によって色や音などの感覚が引き起こされると考えられており、ロックの「感覚の座（the seat of Sensation）」と同様に、感覚の発生が明確に脳内に位置付けられていることがわかる。

（四）生理学の進展

このように感覚的性質を知覚主体にのみ位置付ける図式は、その後一九世紀の生理学的知覚研究によって促進されてゆく。例えば、ヨハネス・ペーター・ミュラー（一八〇一年〜一八五八年）の特殊神経エネルギー説は、視神経や聴神経といった感覚神経を伝わるのは光や音などの物理的エネルギーのようなものではなく、神経固有のエネルギーであり、またこのエネルギーは五感それぞれに特有のものだとした。

ミュラーが『講義のための人体生理学の手引き』（一八三三年～一八四〇年）で言うところでは、この書が書かれる十年から二十年前には、従って十九世紀に入ってからしばらくしても、視覚や聴覚などそれぞれの感覚には、光の印象とか音の振動といったやはりそれぞれ別個の印象が帰属しているということはまったく疑われていなかったという。神経はたんに外部の物体の性質を受動的に受け入れて意識へと伝達する経路にすぎなかった。しかし、例えば電気的刺激という同じ刺激がある神経には光と感じられ、別の神経には音と感じられ、また別の神経には痛みや衝撃と感じられる事実からして、同じ原因に対してあらゆる感覚が感受性をもつのであるから、感覚神経はたんに受動的な導管に過ぎないのではなく、それぞれ特殊な感覚神経が固有の力ないし性質をもち、それが感覚の原因によって励起され、感覚という現象がもたらされると考えられるようになったのである。

したがって感覚することは、外的物体の性質あるいは状態を意識へと導くことではなく、外的な原因によって引き起こされた私たちの神経の性質や状態を意識へと導くことなのである。私たちは、痛みを引き起こすナイフを痛いと感じるのではなく、私たちの神経の状態を痛いと感じるのである。光の機械的な振動と思しきものは、それ自体は何ら光の感覚ではない。たとえそれが意識へともたらされるとしても、それは振動の意識であるほかないであろう。それが原因と意識の媒介としての視神経に作用してはじめて、それは輝くものとして感じられるのである。物体の振動は、それ自体は何ら音ではない。音は、聴覚神経の性質を通して感覚されて初めて生じるのであり、触覚神経は、音を発するようにみえる物体の同じ振動を、震えとして感覚する。したがって私たちは、外的な原因が私たちの神経に引き起こす状態を通してのみ、外界と感覚的に相互作用を行うのである。
事実に関する単純で公正な分析から生じるこの真理は、それら感覚神経が運動神経から一般的に区別されるということの他に、異なる感覚神経のもつ特殊な諸力（die eigentümliche Kräfte der verschiedenen Empfindungsnerven）の認識へと私たちを導くだけではなく、……[63]

つまり、同じ種類の刺激から光や音や痛みが生じる以上、そうした感覚の相違を説明するのは、それぞれの感覚神経特有の力であると考えるほかはない、ということである。この各感覚神経に固有の力は、この書に先立って公刊された『視覚の比較生理学』（一八二六年）では、脳質に生得的なエネルギーとも呼ばれていた。[64]

このように、視覚や聴覚といった感覚が、物理刺激そのものによって生じるのではなく、それに対応するそれぞれ固有の神経の特性によって生じるというミュラーの説は、感覚がまさに脳内において生じるものであるという信念を促進するものであった。

ヘルマン・ヘルムホルツ（一八二一年〜一八九四年）はミュラーを非常に高く評価し、彼を引き継いでこの見方を進めることになる。ヘルムホルツは、いわゆる色の三色説（原型はトーマス・ヤングが提出）によって、光のエネルギーが網膜にある異なる波長感受性の山をもつ三種類の細胞で視覚神経のエネルギーに変えられると考えた人である。彼は、『生理学的光学の手引き』初版（一八六七年）で、外界の諸事物についてもつ私たちの表象は、事物とは類似性をもたない記号（Symbol）にすぎず、表象と表象されたものとは、明らかにまったく異なる二つの世界に属すると述べる。[65]また改版された第二版（一八九六年）でも次のように述べている。

事情は［視覚以外の］他の感覚神経でも同様であるから、ここから次のことが明らかになる。すなわち、感覚の性質は主として神経組織の固有の特質に依存しており、第二次的にのみ知覚される対象の特質に依存するということである。それどころか、発生している感覚がどの感覚の性質領域に属するかは、外的対象にはまったく依存しておらず、もっぱら刺激を与えられた神経の種類に依存しているのである。（中略）それゆえ感覚の性質は、感覚を引き起こす対象の性質とはけっして同じではなく、物理的関連においては、それは外的性質による特殊な神経組織への作用にすぎず、私たちの表象にとっては、感覚の性質は、対象の性質に対する記号（Symbol）であり、識別記号（Erkennungszeichen）にすぎないのである。[66]

ここでは感覚的性質が各神経組織固有の特質に依存しているというミュラーの考えが踏襲されていると同時に、私たちが感覚する性質は、外界の対象の記号（Symbol ないし Zeichen）にすぎないとされている。また別の箇所では、この関係について、もう少し詳しく語られる。

私たちの感覚は、まさに外的原因によって私たちの器官にもたらされる作用であり、こうした作用がどのように現出するかは、もちろん作用がなされる組織の種類に完全に依存している。私たちの感覚の性質がそれを惹起する外的作用の特性を知らせる限り、それはそうした外的作用の記号（Zeichen）と見なされ得るが、しかし模像（Abbild）ではない。というのも、像であれば、模像された対象とのある種の等しさが要求されるのであり、例えば彫像であれば形の等しさが、スケッチであれば視野における遠近法的な投影の等しさが、絵画であればさらに色の等しさが要求されるからである。しかし記号は、それが記号となっている対象との類似性をまったく必要としない。両者の関係は、同じ対象が同じ状況で作用した場合同じ記号をもたらすということ、したがって異なる記号はつねに異なる作用に対応しているということに限定されている。

（中略）

それゆえ、たとえ私たちの感覚がその性質においてはたんに記号であり、その特殊な種別は私たちの組織に依存しているとはいえ、私たちの感覚はむなしい見せかけだと非難すべきものではなく、それは何か存続しているものであれ発生したものであれ、まさに何かの記号なのであって、最も大事なことは、私たちの感覚がこの発生の法則を写し取っているということなのである。[67]

このようにヘルムホルツは、私たちの感覚的性質が外界の性質と類似性をもつことは否定するものの、そこに記号関係が成立していることは認め、私たちが感覚を通して外界で生じている事柄の法則を写し取るのだと考えている。

生理学はもちろんこの後も進展を続け、今日では網膜に吸収される光量子のレベルまで解明が進んでいるが、私たちの感覚する性質と外界に実在するものとの関係に関する図式は基本的には変わっていないと言えよう。

第四節　科学的知覚図式の支持根拠

さて、ここまで科学的知覚図式が近代において登場し、伝承されてゆく様を概観してきたが、この図式の支持者たちは、それを主張する際にどのような根拠づけを行なったのだろうか。というのも、人の常識にも中世的な自然哲学の主流にも反するような、外界から質的性質を剥奪する主張を行うには、当然それなりの根拠づけが必要だったはずだからである。本節では、そうした視点から、この図式が主張される際の根拠を分析的に取り出し、それらがいずれもこの図式の支持根拠として不十分であることを見て行くが、そうした根拠には、共通して主張されるものがある一方で、論者によって対立する見方もあったことがわかる。

(一) 理性のみによる現実把握

近代における科学的知覚図式の嚆矢と目されるガリレオ『贋金鑑識官』の記述には、彼の言う物質の「実在的性質」と色や音などの感覚的性質とを区別し、後者を実在する物体から排除する主張の根拠に該当しそうなものが二つ見受けられる。

一つは、この二種類の性質を区別するための根拠であり、物体の形、大きさ、場所、時刻、運動状態といった第一の実在的性質が「いかなるイメージをつくる場合も、物質をこれらの条件から切り離して考えることはでき」ないということであった。一方の色や味や音などは、「こういった条件をかならず含めて、その物質を理解しなければならぬとは考え」られないと言われていた。つまり、何らかの物質が存在するとき、そこに必ず一緒に存在すると考えられる諸性質が、第一の実在的性質とみなされ、それ以外の性質と区別されているわけである。しかし、物質について語られる二種類の性質が区別されるだけでは、その一方を外界から排除する根拠にはならない。そうした区別だけであれば、すでにアリストテレスからスコラ哲学に引き継がれる物質観においてもなされていたのであり、しかもそこでは、「熱・冷・乾・湿」という基礎的な四性質とそこから派生する諸性質の双方とも外界の物体に帰属すると考えられていたのである。したがって、物質にとって本質的な性質と派生的な性質とが区別されるだけでは、外界から質的性質を剥奪する知覚図式には至らないのであって、そこにさらに別の要素が加わられねばならない。

ガリレオに見て取れる第二の根拠はおそらくそのようなものとして理解できると思われる。色や音といった感覚的性質について続けて言われていたのは、「もし諸感覚がわたしたちにともなっていなければ、理性や想像力それ自身だけでは、それらの性質にまでは到達しない」ということであった。逆に言えば、物質の形や大きさや運動状態といった第一の実在的性質は、理性や想像力それ自身だけで把握できるようなものだということである。それゆえ色や音などのように観察者の感覚能力に依存する性質が、感覚主体が遠ざけられると消え失せてしまうのとは対照的に、形や大きさや運動状態といった理性や想像力によって把握される性質は、感覚の消失後もなお恒常的に存在するものとして把握され続けるというのであろう。ここには感覚による現実把握に信頼がおけないこと、また理性によるそれにこそ信頼を置くべきことが述べられ、理性による把握によれば、外界からは感覚的性質が剥奪され得るということが主張されているものと理解できる。

理性のみによる現実把握という点は、次に見たデカルトでいっそう明確に打ち出されている。よく知られているようにデカルトは、彼が学んだ中世的な学問が疑わしく思われ、学問体系を最初の土台から作り直すという大胆な試みを行い、いわゆる方法的懐疑によって最も確実な真理としての「われ思うゆえにわれあり」に辿りつく。この方法的懐疑は、少しでも偽りではないかと疑えるものは除去してゆき、最後に残るものを探すというういわば消去法であったが、最初に疑われ、排除されたのが、他ならぬ感覚の世界であった。

私がいままで最も真実で確かなものとして受け入れてきたものはみな、私は感覚からそれを受け取るか、感覚を介して受け取るか、したのである。しかし感覚は欺くということを私はときおり経験しているので、一度でも私たちを欺いたことのあるものをけっして全面的には信頼しないようにするのが、賢明である。(『省察』「第一省察[68]」)

最も確実な真理としての精神の存在を見出したデカルトは、次いで物質の考察へと向かい、物質の本性について精神の存在と同様に明晰で判明に知られる事柄を追究する。彼は、先にも触れた蜜蝋の比喩によって、蜜蝋の味や香り、色、形、大きさ、手触り、音などのいわゆる感覚的性質は熱を加えれば消えてしまい、それでも存続している蜜蝋は、「延長をもち、屈曲しやすく、変化しやすいもの[69]」に他ならないと考える。そしてさらに、この延長するものが私たちによって把握されるのはどのようにしてかを問うのだが、それは感覚によってでないことはもちろん、想像力によってでもない。というのも、蜜蝋の形や大きさの変化は無数にあり得ることを人は承知しているが、そうした無限の変化を想像力によって通覧することはできないからである。蜜蝋は人が想像できる範囲を超えて無限に変化し得るので、そうしたものとしての蜜蝋の本性は、人が思考力によって把握している以外にはありえない、ということになる。

それゆえ結局次のようなことになるが、つまり私は、この蜜蝋が何であるかを、想像によって把握するというわけでもなく、それを把握するのは理解力のほかはない、ということなのである。

（中略）

けれども、注目すべきは、この蜜蝋の知覚あるいは人が蜜蝋を認める作用は、視覚の作用でもなく、触覚の作用でもなく、想像力の作用でもなく、以前にはそのように思われていたにしても、そういうものであったこともけっしてないのであって、ただ精神による洞見（une inspection de l'esprit）なのである、…。

（中略）

…正確な語り方をするなら、私たちが物体を把握するのは想像力によってでも感覚によってでもなく、私たちのうちにある理解する能力によるほかはないということ、また私たちが物体を知るのは、私たちがそれを見るということからではないし、私たちがそれに触るということからでもなく、ただ私たちがそれを思考によって理解するということからのみ（seulement de ce que nous les conceuons par la pensée）なのだから、…。（『省察』「第二省察」[70]）

右記においてデカルトは、蜜蝋に関する考察を物体全体へと拡大し、物体の本性が延長をもつということ、すなわちそれが延び広がっており、無限に多様な形を取りうるということにあるとみて、そうした本性をもつ物体が私たちに知られるのは諸感覚によってでも想像力によってでもなく、私たちがそれを思考力によって把握することからだけだと述べている。

理解力や思考力による把握を今、理性による把握という語でまとめておくが、この理性による把握のみ

(seulement) という限定は、しかし、そもそも二通りの解釈を可能にする曖昧なものである。その一つは、私たちが外界の物体を把握する際に、感覚や想像力をまったく使用せず、文字通り理性だけによって把握する、という解釈である。もう一つの解釈は、感覚や想像力も使用されるが、最終的には理性によってしか把握できない、とする理解である。

デカルトは、方法的懐疑によって少しでも偽であると疑われるものは排除してゆき、最後に思考する精神の存在に到達した。また、それと同時に彼は、自らに明晰かつ判明に知られるものが真理であるという真理発見の基準をも見出して、それを外界の物体に適用し、物体について明晰かつ判明に知られるものは延長という属性のみであるとした。この〈思考する事物 res cogitans〉としての精神と〈延長する事物 res extensa〉としての物体だけが、実体として、すなわち「存在するために神以外の助けを必要としないもの」[71]として認められるのであるから、そのことからしても、物体の延長は、精神の思考能力によってのみ把握されるという結論が導かれることになろう。つまりこのような理解に立てば、デカルトは、先の二つの解釈のうちの最初の方、感覚や想像力をまったく使用せず、理解力だけによって物体が把握されるという立場をとっていることになる。

とはいえ、実際にデカルトが行っていることは、二番目の解釈を支持しているように見える。というのも、物体が想像力ではなく理解力によってのみ把握されると彼が言うときに想定されている事態は、物体の形が無限に変化し得るので、想像力によってはそれを捉え切ることはできず、いわば形の無限の変化の極にあるようなものとして理解力によって把握されるしかない、ということであった。だとすればここには、もちろん形の変化を想像力によって把握し、しかも可能な変化がさらにあることを理解しなければならないので、想像力はどうしても機能していなければならない。また形の変化を知るためには感覚なしには不可能であろうから、感覚能力も機能していなければならない。しかし最終的に形の無限の変化の終極点、いわば無限遠点にあるものとしての物体は、感覚や想像力のみでは把握できず、理解力・思考力によらねばならないということになる。実際の事態がこのようなものであるとすれば、デカルトは、自分が使用している感覚や想像力をあとから捨象しているだけのようにみえるのである。

そしてこの点でニュートンは、デカルトとはまったく異なった立場を採っていたように思われる。私たちは前節でニュートンもまた物体固有の性質と、色などの感覚的性質とを区別したことを確認したが、ニュートンはその区別の根拠をデカルトのように物体固有の性質が理性のみによって把握されることに見いだしてはいない。先に引用したようにニュートンは、「物体の性質は実験による以外われわれに知られない」と述べており、またデカルトが延長という性質を思考力によってのみ把握されるとしたのとは対照的に、それが感覚によって知られると述べている。またニュートンが物体固有の性質とする不可入性等についても同様である。

> 物体の拡がり［extensio］は感覚による以外には知られないし、ありとある物体において知覚されるわけではない。しかし、われわれの感覚にとらえうるすべてのものに符号するところから、普遍的にその他のすべてのものもまた拡がりをもつとしているのである。
>
> あらゆる物体が不可入《インペネトラビリア》であるということは、理性によってではなく感覚によって推測される。われわれが手に触れる諸物体は不可入であることが見いだされ、それにより不可入性がありとある物体に普遍的な性質であることが結論される。[72]（『自然哲学の数学的原理』第三篇、［　］内の補足および傍点は筆者による）

ニュートンは、物体に普遍的な性質は、デカルトがそう考えたように理性によって見て取られるのではなく、あくまで感覚によって確認されるのだと主張している。実際に感覚される物体は有限であるから、ニュートン自身「推測される」と言っているように、それを物体一般の性質にまで拡大するには想像力や思考力が必要とされるだろうが、そうした想定も感覚に基づかなければ成立しない。私たち自身が外界の物体と接する場面を想像してみても、感覚を介せずに思考力だけで物体固有の性質を把握するということは、ほとんど何を意味しているのか不明なのである。

もしも理性のみによって物体固有の性質を把握できるのであれば、それらのみを外界の性質として残し、感覚的性質はそれらによって観察者のなかに惹起されるものだという科学的知覚図式を支える根拠とすることもできるだろうが、ガリレオやデカルトに見いだされるようなこうした根拠づけはそもそも不可能であるように思われる。

(二) 音のアナロジー

科学的知覚図式が根拠づけられる仕方には、別種のものもある。理性のみによる外界の把握ということで狙われていたのは、私たちの感覚一般から独立に、思考力によって把握される外界が存在すると言えるなら、両者を分断し、後者から前者を発生させることができる、という事態であろう。ここでは感覚一般と、理性一般が分断され、対置されているのであるが、この対置をいわば諸感覚内部の対置に変えるのが、もう一つの仕方である。

例えば、音の感覚を考えてみよう。音の感覚が観察主体において発生することを根拠づけるためには、感覚一般について論じる必要はない。音の感覚を他の感覚から切り離してそれだけで扱い、その原因となるものを音の感覚以外のものによって確保することができれば、音の感覚を観察者のなかにだけ位置付けることが可能になるかもしれない。

こうした根拠づけの仕方にとって、音の感覚はまさに典型であった。というのも、前節で見たように、音が空気の運動であるという考え方はすでに紀元前五世紀のアナクサゴラスからあったからである。例えば太鼓を叩いて音が出るとき、太鼓の皮が振動しているのが見え、音が小さくなると振動も小さくなり、音が無くなると振動も終わっている。弦楽器でも同じである。こうした身近な経験から、まず音の発生が、音源の振動と関係していることが推測されたであろう。また、太鼓が鳴っているときに耳を手で塞げば音は小さくなるし、ドアを閉めれば隣の部屋の音は聞こえなくなるから、音が耳にまで届くのは、音源から耳の間にあるもの、つまり空気に音源の振動が伝わるからであり、手やドアによってその伝播が妨げられるから音が小さくなったり聞こえなくなったりするのだろうという経験的な推測も、おそらくかなり早くから行われていたに違いない。

音の感覚が、音源や媒体である空気の「振動」から生じるという考えは、この「振動」が音の感覚とはまったく似ていない、異なったものであることから、外界から音の感覚を剥奪する一つの根拠となり得よう。外界に実際に存在するのは「振動」だけであって、音の感覚は観察者の中で初めて成立するのだと考えるわけである。

そして、おそらくかなりはやくから音について成立していたこの図式が、近代に至って色についても適用されることで、科学的知覚図式は全体としてまとまった形を取ったとみることもできる。実際、色の感覚を音の感覚のアナロジーで考えている記述は、しばしば見受けられるのである。例えばデカルトは、『宇宙論』の冒頭で、私たちがもつ光の感覚と、それを引き起こす外界の対象にあるものとがまったく類似性をもたないことを述べたあとで、すぐ音の感覚を引き合いに出している。

> …しかし、議論のために時間をとられないように、むしろ別の事例をあげることにしよう。
> 私たちがことばの意味に注意を向けず、ただその音だけを聞いているときでさえ、私たちの思考の内につくられるこの音の観念が、その原因である対象に類似した何かだとあなたがたは考えるだろうか。ある人が口を開き、舌を動かし、息を吐き出す。私がこれらの動作すべての中に見るのはただ、それが私たちにイメージさせる音の観念と非常に異なっているものだけである。また、哲学者たちの大部分も、音は私たちの耳を打つ空気の振動にほかならないと断言している。[73]

また、前節で私たちは、ボイルおよびニュートンが今日でいう傾向性主義の立場をとっていることを確認したが、ボイルは、外界の諸物体がただ傾向性として色、味などをもっているだけで、現実的にはこれらの物体のより普遍的な性質である形、運動、構造などをもっているにすぎないと述べるすぐ後で、それを詳しく説明するためにドラムの音が洞窟で反響する事例を持ち出している。[74] またニュートンも、「光線に色はついていない」と述べたすぐ後で、音は鐘や楽器の弦、その他の音を出す物においては震動以外の何ものでもなく、空気中においては対象から伝播してきた運動以外の何ものでもないと述べてその根拠づけを行っていたことは前節で見たとおりなのである。[75]

このように、音が空気の振動であるという見方は、外界から質的性質を剥奪する根拠づけに利用されている。しかし、それが有効であるかどうかはまた別の問題である。というのも、ここで音の感覚を引き起こす原因と考えられている「振動」とは何か、ということが問題になるからである。太鼓を叩いた時の皮の振動は、まず視覚によって捉えられるし、また手で触れてみて触覚によって確認することもできる。弦楽器の弦の振動も同じである。つまりこの音の感覚の原因とされる「振動」は、まずもって視覚や触覚という他の感覚によってその存在が確認されるようなものなのである。私たちの目の前にある振動する太鼓の皮は、一定の色と手触りをもっており、それゆえにこそ、その振動が私たちに確認される。仮に、その振動が音という感覚と切り離されたものと考えることが可能だと仮定しても、その振動は一切の感覚の向こう側に実在すると想定される物体に帰属するようなものではない。その振動もまた、色と手触りという質的性質をもつ物体に帰属する性質として存在する以外にはないのであって、一切の質的性質を剥奪された実在する物体という科学的知覚図式を支える根拠とはなり得ないものだと言わねばならない。

また、音の感覚のアナロジーが色と光の感覚に適用されるといっても、まったく同じ事態が成り立つというわけでもない。というのも、音の感覚の原因とされる音源の振動は日常的な視覚経験や触覚経験によって確認できるが、色の原因としての物体表面からの反射光の波動は、日常的経験によっては同じように把握できないから、この適用はさしあたりあくまでも推測に留まるということになる。とはいえ、「振動」とは別の仕方で、私たちの色の感覚の原因を、色をもたない物体に帰属させるやり方もある。そしてそこで重要になるのは、やはり触覚の証言なのである。

(三) 触覚の役割

先に私たちは、アリストテレスがより基礎的な性質と考えた「熱・冷・乾・湿」が、いずれも触覚的性質であることに言及しておいたが（本章第一節（一））、同じように十七世紀以来の科学的知覚図式の成立において、外界の実在性の確証として触覚の証言が重視された可能性がある。以下、まずは具体的事例を列挙してみよう。

ガリレオは、先の『贋金鑑識官』からの最初の引用箇所のすぐ後で、自らの考えを説明するために触覚の事例を出している。その一部は以下の通りである。

一片の紙切れか羽毛で、わたしたちの身体のどこか一部を軽くなでる場合、紙や羽毛は、それ自身からみれば、運動と接触という、まったく先のもの［手で大理石の像等をなでる事例］とおなじ動作をしているのです。しかし、これらが眼のあいだや鼻や鼻の下にふれると、がまんならぬほどのくすぐったさを、わたしたちのうちにひきおこし、他の部分にふれたときは、くすぐったさを感じないのです。したがって、くすぐったさは、まったくわたしたちに属し、羽毛には属さないのであり、感性をふきこまれ、感覚をもった主体がないときには、くすぐったさとは、たんなる名辞以外のなにものでもないのです。したがって、わたしは、自然の物体に付与されている性質の多くは、味や匂いや色彩等と同様のもので、それ以上の実在性をもったものだとは考えません。(76)

ここでガリレオは、羽毛の運動を羽毛に属する第一の実在的性質と考え、それが引き起こすくすぐったさの感覚は明らかに羽毛にではなくわたしたちに属するのだから、味や匂いや色彩等の性質も同様だと言いたいようにみえる。しかし、もちろん私たちは逆に、私たちの指を伸ばして羽毛に触れたときのあの「ふわっ」とした感覚について問うこともできるだろう。あの「ふわっ」とした性質は、明らかに私たちの指に属するものではなく、羽毛に属するのではないのだろうか。私たちはふつう、ガリレオが挙げる「くすぐったさ」や「痛み」などを外界の物体に帰すことはないので、この事態を根拠にして同じことを色や音といった他の性質に拡大することには、いささか飛躍があるように思われる。しかしともかくも、ガリレオがここで触覚の証言を引き合いに出して読者を説得しようとしていることは興味深い。

デカルトの『屈折光学』はもっと鮮明である。というのも、先に見たように（本章第二節（二））、そこで視知覚を説明する際にデカルトは目の不自由な人の譬えを出し、そうした人が杖を通じて対象から伝わる運動の違いでさまざまな対象の違いを知ることを、光による視知覚の成立になぞらえていたからである。[77] 同じように触覚への言及は、後のボイルやロックにも見られる。

しかし、もし人の死の前と後で指にピンを刺せば、ピンがいずれの場合においても鋭く、どちらでも同様に傷を生じさせるとしても、前者の場合にはピンの作用は痛みを感じさせ、後者の場合には痛みを生じさせないであろう。なぜなら、後者では刺された身体は魂を失っており、したがって知覚能力を欠いているからである。それゆえ、もし感覚能力を持った生物が存在しなければ、現在私たちの感覚の対象になっているような物体は、そう言ってよければ、ただ潜在的に色、味などを持っているにすぎず、現実的には、それらのより普遍的な性質である形、運動、組成などだけを持っているにすぎない。（ボイル『形相と質の起源[78]』)

しかしながら、ある一定の距離で私たちのうちに暖かさの感覚を産むその同じ火が、いっそう近づけば、まったく異なる痛さという感覚を私たちのうちに産むことを考えるとすれば、その人は、火によって自分のうちに産み出された暖かさの観念は現実に火のうちにあって、同じ火が同じ仕方で自分のうちに産む痛さの観念は火のうちにないと言うどんな理由があるのか、自分自身でよく考えるべきである。(ロック『人間知性論[79]』)

しばしば感覚的性質の代表と目されるのは色であり、この色を外界の物体から切り離し、感覚主体の中に位置付けるためには、視覚以外の感覚を持ちだす必要があっただろう。しかし、先のデカルトからのものも含めて、列挙した引用を見ればわかるように、触覚論に担わされた役割は一様ではなく、少なくとも以下の三つを区別できるように思われる。

A. 不可視の外界の実在性の確証——視覚像が感覚主体にのみ位置付けられるとすれば、外界は私たちの見ている視覚像とは切り離され、見知らぬものとなってしまう。人間が諸感覚から得る情報の多くを占めると言われる視覚にのみ着目している限り、この困難は回避できないが、触覚を引き合いに出せばそうではない。デカルトが目の不自由な人の例を出すとき、実在は不可視だとしても不可知ではないという主張を、触覚の証言が支えていると思われる。

B. 感覚を外界にではなく感覚主体に位置付けるべきだという主張の根拠——ガリレオの挙げる羽毛によ

るくすぐったさの例、ボイルの挙げるピンを刺した痛さの例、ロックの挙げる火を近づけたときの痛みの例はいずれも、生じた感覚を外的対象に帰すことの不合理さを主張するために持ち出されている。くすぐったさを羽毛に帰属させたり、痛さをピンや火に帰属させたりする人はまずいないから、そうした常識的直観に訴えて、それを他の感覚的性質全体に拡大しようというわけである。

C．感覚の多様性を説明するための根拠——デカルトは、目の不自由な人が杖でさまざまな対象を区別するように、媒質を伝わる運動の相違によって色の相違も説明できるとしているから、外界から伝わる運動のみによって私たちが対象の性質を識別したり、さまざまな対象を識別したりできることの根拠としても、触覚が引き合いに出されている。

いずれにしろ、科学的知覚図式を十七世紀に主張した哲学者たちが、触覚の証言を重視し、それに訴えることで自説に説得力を持たせようとしたことは可能性として考えられよう。またここには、触覚的性質を基礎的性質（第一性質）としたアリストテレスからの遠い残響も感じられるのである。けれども、彼らが自説に説得力を持たせるために触覚論に訴えたことが歴史的事実だった可能性をもつということと、その訴えが成功しているかどうかということは、やはり別の話である。

実際、Cの役割は、触覚にはやや荷が重いであろう。デカルトは、目の不自由な人は触覚による識別能力が特別に発達していることを付言しているが、それでも触覚が与える情報はそう多くはない。まして通常の生活をする者の触覚による対象の識別能力は限られているから、これは比喩として説得力があったかどうか疑わしい。

同じように、Bの役割についても疑問がある。暖かさや冷たさ、痛さやくすぐったさといった触覚的感覚は、私たちの皮膚に位置付けるほかなく、感覚主体を離れることはないから、これを感覚主体に位置付けることには何の問題もない。しかし、こうした事例を色などの感覚的性質一般に拡大できるかどうか、そこがむしろ問題であろう。そしてこの拡大がどのようにして行われるかという当然論ずべき問題を彼らが論じているようには見えず、彼らの議論は、論証というよりは直観に訴える説得術という様相を呈している。

一方、Aの役割は、一番しっかりと果たされているように見えるが、この役割も担いきれていないと言わねばならない。手で触って対象の実在を確認するというのは、私たちの日常的経験から納得できることであるが、しかし同じように私たちが夜毎に見る夢の中では、人は実在しないものについて確かな触覚的感覚を持つ場合もある。けれども醒めればそこには何もない。触覚は絶対的に実在を確証するとは言えないから、その証言に訴えて不可視の対象の実在性を知り得るとは必ずしも言えない。触覚といえどもあくまで感覚であって、触覚によって確認されるということが、感覚外の実在の証明になるわけではないのである。

(四) 錯覚論法

同じように外界の物体から色などの感覚的性質を排除し、それらを感覚主体の中に位置付けようとする著者で、やや異なった根拠づけをしているように見えるのはホッブズである。彼が訴えたのはむしろ視覚を中心とする「錯覚」であった。

デカルトが世を去った一六五〇年に出版された彼の『法の諸原理』の前半は、人間の本性に関するものであり、その第二章は感覚の原因を扱ったものであった。そこでは、色や形が外的な対象そのものの性質であると考える常識の見方が否定される。また、この見方を保持するために必要だとされる、先にも述べたアリストテレスートマスの感覚論とデモクリトスの感覚論の折衷的形態（本章、第一節（二）（四）参照）が拒否されるのはデカルト同様で、外界から感覚的性質を剥奪し、ホッブズの場合「運動」のみを外界に帰する科学的知覚図式が主張されている。

色や形からなる視覚イメージは、その感覚の対象の性質について私たちが知ることであるから、その同じ色や形がそうした対象そのものの性質に他ならないという見解に人が陥るのはたやすいのであり、また同じ理由から音や騒音が鐘や空気の性質であると考えるのである。そして、この見解は大変長い間受け入れられてきたので、その反対の主張はどうしても非常な矛盾に思われるわけである。とはいえ、（この見解を保持するために必要な）対象からあちらこちらへ発する可視的スペキエスおよび可知的スペキエス（species visible and intelligible）を導入することは、単純に不可能であってどんな矛盾よりもなお悪いのである。それゆえ私は、以下の四つの点がはっきりするように努めたい。

（1）色やイメージがそこに内在する基体は、見られた対象や事物ではないこと。

（2）私たちがイメージとか色とか呼んでいるものは、現実には私たちなしでは何物でもないこと。

（3）イメージとか色とか言われるものは、対象が脳や生気（spirits）あるいは何らかの頭内部の実質に働きかける運動、興奮、変化の、私たちに現れた幻影（apparition）であること。

（4）視覚による把握（conception）同様、他の諸感覚から生じる把握においても、それらが内在する基体は、対象ではなく感覚者であること。[80]

これに続く箇所でもそうだが、ホッブズの記述で注意したい点の一つは、色や他の感覚が外界の対象に帰属するのではなく、むしろ感覚主体に帰属するのだという主張が繰り返しなされる一方で、外界の対象がどのようなものであるかという記述は、「運動」という性質がそれに帰される以外はほとんど見られないという点である。しかし、考えてみるとそれも当然のことで、というのも右記では、色とともに形も外界の対象の性質であることが否定されているので、外界の対象にそれらの性質を帰すことはできず、色や形を欠く対象の性質をそれ以上どのように記述すればよいのか、当然不明になるからである。

しかし、今ここで問題にしたいのは、ホッブズが先の科学的知覚図式を根拠づけようとする議論である。彼は、例えば一本のロウソクが二本に見えるというように、病気などで一つの対象が二つに見える場合を挙げ、その対象が二つの場所にあることはできないから、二つの視覚像のうちの一方の色や形は実際の対象に帰属するものではないと述べる。しかし、病的状態であれ正常な状態であれ、二つの視覚像には区別がつかないから、一方の視覚像がそうだとすれば、総じて色や形のイメージは物体に帰属するものではない、と論じるのである。また、このような物が二重に見えるという例のほか、水中や鏡の中に見える対象が実際にはそこに存在しないということや、眼を強く打つと火花が見えるがその火花は実際には存在しないこと、こだまの反響といったことも例証として挙げられる。[81]

また『リヴァイアサン』（一六五一年）でも同様である。

というのも、もしそれらの色と音が、それらをひきおこす物体ないし対象のなかにあるとすれば、私たちが鏡によって、あるいは反響によるこだまでそう見るように、それらが物体ないし対象から引き離されることは、不可能だからである。（中略）それゆえ、あらゆる場合において、感覚は、先に述べたように圧迫によってすなわち私たちの眼や耳やその他の、所定の諸器官に対する、外部の事物の運動によって引き起こされる、根源的な幻想（fancy）に他ならない。[82]

ホッブズはこのように、物が二重に見えるといったいわゆる「錯覚」あるいは「幻覚」の体験に依拠して、そのイメージは実在するものではありえないから、それ以外の普通のイメージもまた外界に実在する対象に帰属するものではなく、感覚者の側に帰属するのだという議論を展開するのである。興味深いのは、しかし、そのように考えた場合、私たちが目の前の対象を色や形をもつものとして見ているという日常的体験との齟齬が生じるということを、ホッブズ自身記していた点であり、これは他の論者にはあまり見られないことである。右の引用で省略した箇所で彼は次のように言っている。

ある一定の距離において、現実の他ならぬその対象が、それが私たちの中に産む幻想を付与されているように見えるけれども、それでもしかし、一方の対象と他方のイメージないし幻想は別のものなのだ。[83]

さて、このように、外界に実在する対象とその性質の関係をいわゆる「錯覚」の存在を通して検討する仕方は、「錯覚論法（the argument from illusion）」[84]と呼ばれ、現代でも行われている。そして、その際には、私たちが科学的知覚図式と呼ぶものの根拠として錯覚論法を用いることは誤りであることが、すでに何人もの論者によって指摘されている。以下ではその要点を確認すると同時に、おそらくその誤りをより明確にすることができると思われる私たちの論点を多少加えてみたい。

A・J・エアー（一九一〇年〜一九八九年）は、『経験的知識の基礎』（一九四〇年）でこの錯覚論法を取り上げ、棒が水の中で折れ曲がって見える事例に即して、次のように錯覚論法を再構成する。ちなみに、オールの端を水中に入れると曲がって見える事例は、次章でみるG・バークリがすでに用いていたものである。[85]

今のところ、水の中に入れられたときに棒は実際にはその形を変えていないと仮定しておかねばならない。この仮定の意味と妥当性についてはあとで論じる。そうすると、棒の視覚的な現れ（visual appearance）のうち少なくとも一方は人を欺くものだということになる。というのも、棒が曲がっていると同時にまっすぐであるということはありえないからである。とはいえ、私たちが見ているものが物質的事物（material thing）の実在的性質（real quality）でない場合でも、私たちはなお何かを見ていると思われ、それに名前を与えるほうが都合がよい。そして、哲学者たちが「感覚与件（sense-datum）」という用語に頼るのはこのためである。[86]

ホッブズで蝋燭の二本の視覚像だったものは、ここでは棒の二種類の視覚像に変わっているが、そのうち一方が虚偽のものだという主張は同じである。しかし、棒の場合、普通棒のまっすぐな視覚像は、実際に存在する棒を示しており、つまり実在する対象の性質を示していると考えているのだから、それだけではまっすぐな方も、物質的対象を示すものでなく「感覚与件」に過ぎないと言うことはできない。

そこで、私たちが見ているのは物質的な対象ではなく感覚与件であるという主張は、さらなる補強を必要とすることになる。エアーはそうした補強として三種類を整理している。

第一のものは、まっすぐな棒の視覚像と曲がった棒の視覚像には本質的な差異はない、という議論である。この議論は、先に見たホッブズが蝋燭の二つの視覚像には区別がつかないので、一方が幻影ならもう一方も幻影だとした主張と基本的に同じものである。第二の議論は、第一の議論とつながっているが、真の知覚と人を欺く知覚は連続的だということである。第三の議論は、すべての知覚は同様に、外的条件や知覚者の生理的状態などに依存しているということである。物質的対象は、その本質的性質がどのような観察者からも独立していると考えられるので、観察者の状態に依存している知覚的現れは物質的対象の性質を示すものではない、とされる。

エアーはおおむねこのように錯覚論法を再構成した上で、この議論の評価に移行する。[87] エアーの考えは、この錯覚論法が、私たちは直接的に（観察者から因果的に独立している）物質的事物を知覚しているのではないという事実問題を証明しようとしているのだとすれば、それはうまく行かないということである。彼はむしろ、錯覚論法は言語の問題として理解すべきだと主張するのであるが、ここでは、彼の事実問題に関する否定にだけ話を限定しておきたい。そして彼がこの証明は成功しないと言うのは、先に挙げた三つの補強的議論によって前提されていることが、いずれも矛盾なく否定できるものだからである。

まずこの錯覚論法は、真正の知覚と、人を欺く知覚があるという区別を前提としている。水に入れて折れ曲がって見える棒の知覚は人を欺く知覚であり、まっすぐな棒は真正の知覚である。けれども、この相違は、知覚の性質の相違だけからは導き出せない、とエアーは言う。私たちは、その知覚像の両方とも真正の知覚だとみなすような解釈を採ることも可能である。錯覚論法は、最初に真正の知覚と人を欺く知覚の相違を導入し、次いで双方の知覚の質的同質性を主張して、その結果、両方とも物質的対象を示す真正の知覚ではない、とするのだが、エアーが指摘しているのは、両方とも真正の知覚だとすることも可能だということである。ホッブズで言えば、蝋燭の二つの像は、どちらかが誤りだが、どちらも区別がつかないから双方とも実在する物理的蝋燭を示していないという議論の進展は誤っており、そもそもどちらか一方が誤りである、とする解釈を必ずしもとる必要はない。二つの知覚像に質的相違がなく、あるいは連続的であるのであればなおさらそうである。

このエアーの指摘には、錯覚論法の議論の進行に含まれる矛盾が現れているとみることができる。錯覚論法は、まず真正の知覚（例えばまっすぐな棒）と人を欺く知覚（水の中の曲がった棒）を区別するが、一方が人を欺く知覚と言われるのは、それが本当の事物を示していないからであり、これは裏を返せば、一方は実在する事物を示しているということである。ところが、論証が次に進むと、二種類の知覚は質的に同じだから、双方ともに物理的事物を表さない、となってしまう。この帰結は、議論の最初で前提されていた、一方は物理的事物を確かに示しているという前提を覆してしまい、そもそも矛盾をはらんでいる。質的相違がないのであれば、一方を真正の知覚、他方を偽りの知覚とする根拠もなくなるはずであり、そこから双方が物理的事物を表さないと結論することには、論理的矛盾がある。日本の大森荘蔵が『流れとよどみ』で指摘したのも、まさにこの点であったし、(88)『知識と行為』の黒田亘もこれを「明白な自家撞着」と言っている。(89)

しかし、そもそもなぜこのような一見して明白な矛盾が主張されるのだろうか。私見によれば、その原因は、上述したような錯覚論法では、議論の全体が提示されているわけではなく、隠されている部分があるからである。

ホッブズの蝋燭が二重に見える例に戻ってみよう。蝋燭が二本に見えたとき、私たちはその二重になった蝋燭の像のどちらが本物でどちらが偽物か言えと言われても困るだろう。二つの像には質的な差異がないように思われるからである。その点ではホッブズの議論は一定の説得力を持っている。しかしそれでは何故私たちは、二本のうちの一方は偽物である、ないしは二本に見えるのは真実の状態ではないと考えるのだろうか。それはもちろん、つい先ほどまで一本だった蝋燭が、急に二本になるはずはない、といった理由から判断されるのである。つまり、その時に見えている視覚像だけを捉えれば、そこに質的な差異は発見できないであろうが、コンテクストを時間的に広げてみたときの視覚像の整合性や統一性という根拠から、その視覚像の見え方が虚偽であると判断されるのであり、視覚像の整合的・統一的理解という根拠が使用されているのだが、そのことはホッブズの議論では背後に隠れているのである。

もちろん、使用される隠された根拠はそれだけではない。ある人が目の前のテーブルの上に虫がいるのを見ているとしよう。しかし、実際にはテーブルは実在しているが、虫の方はこの人が見ている幻覚であるとしよう。テーブルも虫もその人に視覚像として現れている限りでは質的に同じだと言え、また突然二つになる蝋燭のように、見え方の時間的連続に整合性を欠くと言うこともないとしよう。しかしそれが幻覚であるとわかる一つの根拠は、その人が手でテーブルと虫に触ってみるということである。テーブルには確かに触れることができるが、虫にはそうできないとき、この虫の視覚像は幻覚だとされる可能性がある。つまり、この場合の触覚のように他の感覚による証言が、真正の知覚と幻覚との根拠となる場合がある。こうした場合に触覚の証言が重視される傾向にあることは、前項で見た通りである。

さらに、この虫の幻覚の事例で言えば、この人が手で触ってみると、虫が手に触れる感覚を確かに覚えたとしよう。この人は、虫が本当にいると信じて、誰か他の人を呼んで、虫を部屋から出して欲しいと頼む。ところが頼まれた人がテーブルの上を見ても、虫は一匹もいない。それで、頼んだ人が見ている虫は幻覚だとわかる。この場合は、他者の知覚が真正の知覚と幻覚とを区別する根拠に使用されることになる。

こうしたことは、視覚に限らず、他の感覚についても言えるであろう。つまり、同一種の知覚像間での整合性・統一性、他の感覚による証言、他者による証言といった諸根拠が、真の知覚と人を欺く知覚の区別に用いられているはずなのであるが、そのことはあまり注目されてはおらず、議論の前面にも出てこないのである。また、真正の知覚と人を欺く知覚が区別されるからといっても、ここで真正の知覚が、あらゆる知覚の向こう側にあり、観察者から因果的に独立している物理的事物の存在を示しているわけではない。というのも、この区別の根拠は、自分の感覚間の整合性や他者の感覚の証言に基づいている以上、感覚から切り離された実在の存在を証言し得るものではないからである。それゆえ、錯覚の存在は、科学的知覚図式が想定するような外界の対象の存在を主張するための根拠には、やはりなり得ないと言わねばならない。

(五) 観察者条件の関与

ホッブズが挙げている二重に見える蝋燭の事例、エアーが挙げている水中で曲がって見える棒の事例、テーブルの上にいるように見える虫の事例は、いずれも今見た少なくとも三つの根拠によって真正の知覚とは異なるものと判断され得るものだが、しかし、前の二つと最後のものには相違もある。というのは、テーブルの上の虫は特定の人にしか見えず、普通の人には見えないいわゆる「幻覚」であるが、指で目を推すと物が二重に見えることや、水中の曲がった棒は、ふつうは「錯覚」と呼ばれて、こちらは誰にとっても経験される現象だからである。一般に錯覚と呼ばれているものにも種別があることは、この二つの事例の相違からも明らかだが、多くの錯覚が経験されるのは、人が一般にもっている知覚の神経生理学的基盤とか、記憶の仕組み等に基づくものと推測される。したがってこうした錯覚の存在は、知覚像の成立に観察者の側の条件（以下、簡便のため「観察者条件」と呼ぶ）が強く関与していることを明らかにし、それによって知覚像が観察者の場所において発生しているという理解を促進しているとも考えられる。

前節の終わりで見たミュラーやヘルムホルツが科学的知覚図式を促進したのも、この観察者条件の重視という視点からだと思われる。先に見たようにミュラーは、例えば電気的刺激のような同じ種類の刺激から光や音や痛みが生じる以上、そうした感覚の相違を説明するのは、それぞれの感覚神経特有の力であると考えるほかはないとし、そのように、視覚や聴覚といった感覚は物理刺激そのものによって生じるのではなく、それに対応するそれぞれ固有の神経の特性によって生じると考えたのであり、それによって感覚がまさに脳内において生じるものであるという信念を促進したのであった。最後にこの観察者条件の関与について検討し、これもまた科学的知覚図式を根拠づけるものたり得ないことを示してみよう。

ミュラーは、同一の刺激が、ある神経には光と感じられ、別の神経には音と感じられ、また別の神経には痛みや衝撃と感じられる事実からして、同じ原因に対してあらゆる感覚が感受性をもつのであるから、諸感覚は感覚神経固有のエネルギーによって成立し、それゆえ知覚者の内部にのみあると言う。このことについて、以下三つの場合を区別して考えてみたい。

①外部の同一原因による複数感覚の惹起

まず、次のような事例を考えてみよう。目の前に電熱線があって、実験者がそれに通電する。電熱線を見ている別の観察者である被験者は、それが赤く発光することを視覚によって捉える。また、それと同時に電熱線が発熱していることも、手を近づけて皮膚を通して感じられた。この場合、電熱線に通電するという一つの事態が原因となり、被験者に視覚における色の変化と触覚における温感を与えたわけである。このような状況が存在するということは、外界の対象に質的性質がないという科学的知覚図式を促進することになるだろうか。そうは思えない。というのも、実験者が電熱線に通電する前にも電熱線は一定の色と温度状態をもっており、それが被験者によって観察されていたはずだからである。ここで生じていることは、実験者が通電することによって電熱線の色と温感に変化が生じ、その変化が二種の知覚によって被験者に探知されたというにすぎない。このように、同一の事象が原因となって異なる種類の感覚に変化が生じたことは、そのままでは外界から質的性質を剥奪する根拠にはならないであろう。また、こうした事例は、おそらくミュラーが念頭においていたものではない。

②外部に類似原因の無い場合の感覚の成立

ミュラーが実際に書いているのは、例えば電気的刺激によって被験者の中に光が見えたり、音が聞こえたりといった事例である。[90] この場合では、先の事例とは異なり、被験者の外部には電気的刺激だけが存在し、光は観察されない。それゆえ、光の感覚は、被験者の脳内で発生していると考えられるので、こうした事態であれば、外界から質的性質を剥奪し、それを生体内で発生するものとみる科学的知覚図式の根拠になり得るかもしれないのである。

同じことであるが、以下では電気的刺激の代わりに機械的刺激の場合で考え、通常の刺激（適刺激と呼ばれる）である光刺激が与えられる場合と対比してみよう。第一実験は、実験者が被験者の眼の前にあるライトのスイッチを入れ（適刺激）、そのとき被験者が光を感じるというものである。第二実験は、部屋は暗くしたままで、実験者が一定の装置を用いて被験者の眼を強く押し（機械的刺激）、それによってこの被験者が光を感じるというものである。被験者が同様に光の感覚をもつこの二つの実験の対比から何がわかるだろうか。それはまず、第二実験において被験者は機械的な刺激によって光の感覚を得ているので、被験者内部の神経生理学的組成が機械的刺激でも光の感覚を生じるようになっているという事実である。これはミュラーが見いだしたことであり、知覚者の身体の内部構造に関する事柄である。それでは、この第二実験を根拠にして、第一実験においても、外部には光は存在しないと主張することはできるだろうか。つまりライトであれ、太陽であれ、月であれ、実際にはそれらは光輝いてはおらず、光の感覚はそれを見る観察者の脳内にのみあるのだという帰結を、第二実験から導き出すことが可能だろうか。そうは思えないのである。

このように二つの実験の対比という形で事態を記述してみると、ここでは、先にみた錯覚論法と似た状況が生じていることがよくわかる。というのも、第二実験の特徴は、第一実験とは異なって外部に光がなく機械的運動だけが与えられた場合、ということにあったのだが、この実験結果からこの区別自体が否定され、第一実験の場合も、外部には光がないと一般化されることになるからである。先の錯覚論法の場合では、まず真正の知覚と人を欺く知覚が区別され、後者は外界に実在する物理的事物を示していないとされた後に、二種の知覚が同質なものとされることによって論証の前提が取り崩されていたのであった。ここでも同様に、第二実験の帰結が第一実験へと拡大された結果、第一実験と第二実験の差異が説明できなくなる危険がある。

実験者は、第一実験では被験者の外部に自分がスイッチを入れた照明の光をみており、第二実験では外部に光を見ていない。この差異はどう説明できるだろうか。それは、第一実験の光の刺激は被験者同様に実験者にも届いており、第二実験で被験者に与えられた機械的刺激は実験者には届いていないということに他ならない。そこには機械的刺激と光による刺激の性質上の相違があると言える。機械的刺激は、原因との直接的接触によってしか伝達されない。この場合に光の感覚が被験者の内部に限定され、外部に光が存在することが否定されるのは、第二実験の場合には暗室の中で実験者が外部に光の存在を確認しないからである。光の感覚が被験者内部に限定される根拠は、第二実験での実験者によるこのような視覚的確認である。それに対して第一実験の場合には、実験者は外部に光の存在を確認している。このとき、光の感覚を被験者内部に限定する第二実験の帰結を第一実験の場合に拡大することは可能だろうか。もしそうするとすれば、この実験者は第二実験では自分の視覚的確認に基づいて光が外部に存在することを否定し、それを被験者内部に限定しているにもかかわらず、第一実験については被験者の外部に光の存在を認める自分の視覚的確認を自己否定することになる。それはやはり、明らかな矛盾だと言わざるを得ないのである。

③外部に原因が存在しない場合の感覚の成立

機械的刺激によって被験者が光の感覚をもつという場合、通常の光刺激とは異なるものの、ある種の原因が外部世界に存在することが前提されている。しかし、そうした外部の原因をまったく欠くにもかかわらず私たちが感覚・知覚経験をもつことはある。想像や夢の場合がそれである。私が今、二時間ほど前に初めて会った人の様子を思い起こしているとしよう。その人の髪の毛や上着の色、声の調子、握手したときの感触などを私は想起する。またその晩、その人は再び同じような姿で夢にも出てきたとしよう。これらのイメージ体験は、現実的知覚の場合とは異なり、体験の原因となる対応物が外界にまったく存在しないにもかかわらず、イメージ体験の中で色や音や手触りといった質的感覚を与える。

しかし、「私たちは夜毎に夢を見るし、この夢はさまざまな感覚を与えるから、外部世界にはこうした質的性質はないのだ」と言うとすれば、この主張は妥当なものだろうか。そうではなかろう。これらの体験の存在は、こうした体験が観察者の側の仕組みによって生じることを強く思わせるが、だからといって、外部世界に感覚的性質がないという主張がそれによって正当化されるわけではない。私たちは普段そうは考えないし、また考えるとすればそれは先と同様に論理的な矛盾を含むことになるのである。

本章では、近代において科学的知覚図式が登場し、継承される様を瞥見し、またこの図式の根拠づけとして提出されている議論を析出して、それらがいずれも妥当なものとは思われないことを示した。

科学的知覚図式は、私たちが第一章で見たような困難を孕んでいるが、そうした困難の存在をまったく理解しない論者がいる一方で、それらにいち早く着目して指摘し、また外界に質的性質を保持するような知覚図式を再構築しようとする現代的な試みもすでになされている。次章では、そうした試みに視線を注ぎ、それらの射程を確認してみたい。

注

(1) アリストテレス『自然学』第一巻、第七章（『アリストテレス全集　3』岩波書店、一九六八年）。
(2) アリストテレス『生成消滅論』第一巻、第四章および第五章（『アリストテレス全集4』岩波書店、一九六八年）。
(3) 例えば、トマス・アクィナス『神学大全』第一部、第七十六問題、第四項（トマス・アクィナス『神学大全』第六冊、教文社、一九六二年）。
(4) アリストテレス『生成消滅論』第二巻、第二章および第三章（『アリストテレス全集4』岩波書店、一九六八年）。これとは別に『小品集』には「色について」と題される文章が収載されており（『アリストテレス全集10』岩波書店、一九六九年）、その冒頭では四元素のうち空気、水、土には白という色が、火には黄色が本性上属すると述べられている。しかし、このような記述は、ここでのアリストテレスの記述と整合しないように見えるので、これはアリストテレスの真作ではないものと推測できる。ちなみに同巻の訳者は、この文書をアリストテレス学派のストラトンあたりに帰すべきとしている（『同』三二四頁）。

（5）ロバート・パスナウによれば、第一性質および第二性質という語はトマスの師であるアルベルトゥス・マグヌスの『生成消滅論』註解に見られ、また十六世紀後期のコインブラによる『生成消滅論』注釈では次のように書かれている。「色、味、香りほかの第二性質は、第一性質のさまざまな性格と比率から生じる。」（Robert Pasnau, *Metaphysical Themes 1274-1671*, Oxford U. P., 2011, p. 462.）ここでは、色や味といった感覚的性質が第二性質と呼ばれているが、これはよく知られたJ・ロックの規定とは異なっている。本章第三節で確認するが、ロックでは、感覚的性質を惹起する、物体の微細な部分の第一性質が第二性質と呼ばれるからである。ロックを批判するG・バークリは、感覚的性質を第二性質と呼んでおり、ロックの用語法から外れているが、これはロックの規定に対する単なる誤解ではなく、むしろ忠実な中世的用法とみるべきであろう。

（6）『アリストテレス全集6』岩波書店、一九六八年、八〇頁。指輪の印形を蠟に捺印するという比喩は、すでにプラトン『テアイテトス』191Dにも登場する。

（7）トマス・アクィナス『神学大全』第六冊、創文社、一九六二年、二五〇頁。

（8）アイスラーによれば、スペキエス species とは、もともとキケロがイデア idea というギリシア語をラテン語訳したものである。R. Eisler, *Wörterbuch der philosophischen Begriffe, Dritter Band, Berlin*, 1910, Art. Species intentionales.

（9）『アリストテレス全集12』岩波書店、一九六八年、七六〜七七頁。

（10）同書、二三〇頁。

（11）同書、二三一頁。

（12）『新カトリック大事典』第二巻、研究社、一九九八年、一二四二頁、P・ネメシェギによる「実体変化」の項参照。

（13）トマス・アクィナス『神学大全』第四三冊、創文社、二〇〇五年、一二五頁。傍点強調は筆者による。

（14）Cf. Pasnau, *op. cit.*, p. 180.

（15）『アリストテレス全集12』岩波書店、一九六八年、二〇頁。〔 〕内は訳者である出隆による補足であり、〈 〉内は原語原文が原著者のものか疑義があるが一応そのまま訳文に活かされたものを表す。

（16）『ソクラテス以前哲学者断片集』第Ⅳ分冊、岩波書店、一九九八年、一三頁。以下も同様に、同書からの引用に際しては、カンマを読点に、ピリオドを句点に改めた。

（17）分割の限界については『自然学』第六巻、第一章、空虚の否定については第四巻、第六章〜第九章を参照（『アリストテレス全集3』岩波書店、一九六八年）。

（18）『ソクラテス以前哲学者断片集』第Ⅳ分冊、岩波書店、一九九八年、一五五頁。

（19）『アリストテレス全集4』岩波書店、一九六八年、二四一頁。
（20）『ソクラテス以前哲学者断片集』第Ⅳ分冊、岩波書店、一九九八年、二一頁。
（21）同書、二一頁。
（22）同書、一〇四頁以下に、テオプラストス『感覚について』におけるデモクリトスに関する詳しい記述があり、そこでアトムの形状と味や色に関するデモクリトスの主張の紹介がなされている。
（23）『ソクラテス以前哲学者断片集』第Ⅲ分冊、岩波書店、一九九七年、二七四頁、および『ソクラテス以前哲学者断片集』第Ⅳ分冊、岩波書店、一九九八年、一一〇頁。
（24）É. Gilson, *Études sur le rôle de la pensée médiévale dans la formation du système cartésian*, Cinquième Édition, Paris, 1984, pp. 23-25.
（25）ガリレオ・ガリレイ著、山田慶児・谷泰訳『偽金鑑識官』、世界の名著『ガリレオ』、中央公論社、一九七九年、五〇二～五〇三頁。
（26）同書、五〇五頁。
（27）板倉聖宣『原子論の歴史―復活・確立（下）』仮説社、二〇〇四年、第九章および第十章参照。
（28）H. E. Le Grand,'Galileo's Matter Theory', in: R. E. Butts and J. C. Pitt(eds.), New Perspectives on Galileo, Dordrecht, 1978, 197-208. この他に、『新科学対話』第一日目の原子論の特殊性に着目したものとしては、A. Mark Smith, 'Galileo's Theory of Indivisibles: Revolution or Compromise?', Journal of the History of Ideas, vol.37, 1976, 571-588 がある。スミスは、ガリレオの原子論はエピクロス的なものではないと指摘し、原子論の利点と世界の幾何学連続性への確信を両立させるために、結果としてガリレオが「かなりあいまいな原子論〈a highly equivocal atomism〉」に至ったと述べている。
（29）ガリレオ・ガリレイ、『偽金鑑識官』、山田慶児・谷泰訳、世界の名著『ガリレオ』、一九七九年、四七六頁。
（30）アリストテレスの『機械学』第二十四章（アリストテレス全集10、『小品集』、岩波書店、一九六九年）にある。但し、この書は偽書と目されている。
（31）ガリレオ・ガリレイ、『新科学対話』上、今野武雄・日田節次訳、岩波書店、昭和一二年、五〇頁。
（32）同書、五〇～五一頁。但し、漢字、かな使いを現在のものに改めた。
（33）Pasnau, *op. cit.*, p. 504.
（34）Pasnau, *op. cit.*,p. 504.
（35）パスナウはさらに、一六四三年（デカルトの『省察』出版の二年後）に書いているフランスのクロード・ブリガール（Claude Berigard）を紹介している。彼は、原子に形と大きさとだけを帰すのではなく、熱の原子や冷たさの原子など、根本的に性質を異にする無数に多種の原子を仮定しており、彼のような立場は、中世と近代との対置を困難にするような立場だと述べている（*ibid.*, p. 505.）。

（36）*Œvres de Descartes*, publiées par C. Adam & P. Tannery, Paris, 1996, XI, pp. 25-26. 以下、デカルトからの引用に際しては、この全集（A&Tと略記）の巻数と頁数ないし項目数を示す。なお、訳出にあたっては、既存の邦訳を参照した。

（37）A&T, IX, *Principes de la philosophie*, p. 317.［ ］は、筆者による補足。

（38）不可分の原子という考えの否定については、A&T, IX, *Principes de la philosophie*, p. 74 (pars II, art. 20.) を、真空の否定については、pp. 71-72(pars II, art. 16) を参照。

（39）A&T, IX, *Meditations*, pp. 23-26.

（40）A&T, IX, *Principes de la philosophie*, pp. 68-69 (pars II, art. 11.)

（41）A&T, IX, *Principes de la philosophie*, p. 74 (pars II, art. 21.)

（42）A&T, IX, *Principes de la philosophie*, p. 75 (pars II, art. 23.)

（43）A&T, VI, *La Dioptrique*, pp. 84-85.

（44）A&T, XI, *Le Monde*, p. 3.

（45）A&T, IX, *Meditations*, p. 28.

（46）*Traité de la lumière. Où sont expliquées les causes de ce qui luy arrive dans la Reflexion, & dans la Refraction. Et particulièrement dans l'etrange Refraction du Cristal d'Islande. Par C. H. D. Z. Avec un Discours de la Cause de la pesanteur.* 1690, p. 126.

（47）*Ibid.*, p. 3.

（48）ボイルの仕事については、赤平清蔵「ロバート・ボイル『形相と質の起源』と粒子哲学の形成」（科学の名著　第II期8『ボイル』朝日出版社、一九八九年、所収）に詳しい。

（49）Robert Boyle, *The Origin of Forms and Qualities, according to the Corpusculara Philosophy; illustrated by Considerations and Experiments*, *The Works of the Honourable Robert Boyle*, Volume the Third, London, 1772, p. 23.

（50）*Ibid.*, pp. 24-25.

（51）John Locke, *An Essay concerning Human Understanding, Oxford*, 1975, Book II, Chap. VIII, § 8.

（52）デカルトは、観念という語を「何であれ精神に直接的に把握されるもの」と規定する。A&T, IX, *Meditations*, p. 141.

（53）*Lock*, op. cit., p 140.

（54）*Ibid.*, p. 136.

（55）ニュートン著、河辺六男訳『自然哲学の数学的原理』、世界の名著31『ニュートン』中央公論社、昭和五十四年、四一五頁～四一六頁。［　］内は筆者による付加。

（56）ここで、重力が普遍的性質に含まれていないことは注目に値する。重力は、物体間の距離によって増減するので、彼の用いている「増強も軽減もされない」という基準を満たさないのである。ニュートンが物体固有の性質と考える性質リストと、デカルトやボイルなどのリストとの比較検討に関しては、吉田忠編、『ニュートン自然哲学の系譜』、平凡社、一九八七年、第七章、吉本秀之、「ニュートンの物質理論」に詳しい。

（57）J. E. McGuire, 'Atoms and the' Analogy of Nature' : Newton's Third Rule of Philosophizing', Studies in History and Philosophy of Science, vol. 1, 1970, 3-58. Appendix.

（58）I. Newton, *Opticks: or A Treatise of the Reflections, Refractions, Inflections and Colours of Light*, fourth edition, London, 1730, P. 156.

（59）*Ibid.*, pp. 108-109.

（60）*Ibid.*, p. 319.

（61）*Ibid.*, p. 320.

（62）*Ibid.*, p. 328.

（63）Johannes Müller, *Handbuch der Phisiologie des Menschen für Vorlesungen, Erster Band*, Die dritte verbesserte Auflage, Coblenz, 1838, S. 780.

（64）Johannes Müller, *Zur Vergleichenden Phisiologie des Gesichtssinnes des Menschen und der Thiere nebst einem Versuch über die Bewegungen der Augen und über den menschlichen Blick. Leibzig*, 1826, S. 45. ただし、今日では、ミュラーの仮説の一部に反するような実験結果が報告されている。Mariganka Surらは、フェレットの新生児に手術を施し、目からの神経が、通常であれば聴覚のために使用される脳の領域に繋がってゆくようにした。その結果は、このフェレットが「目で聞く」ようになったのではなく、通常であれば聴覚のために使用される脳領域で見ることが可能になった、というものであった。Mariganka Sur, A. Angelucci and J. Sharma, 'Rewiring cortex: the Role of patterned activity in development and plasticity of neocortical circuits' in *Journal of Neurobiology* 41, no. 1, 1999, 33-43. Cf. Alva Noë, *Out of our Heads*, Hill and Wang, 2009, pp. 53-54.

（65）H. Helmholtz, *Handbuch der phisiologischen Optik*, Leipzig, 1867, S. 443.

（66）H. Helmholtz, *Handbuch der phisiologischen Optik*, zweite umgearbeitete Auflage, Hamburg und Leipzig, 1896, S. 234.

（67）*Ibid.*, S. 586.

（68）A&T, IX, *Meditations*, p. 14.

（69）A&T, IX, *Meditations*, p. 24.

(70) A&T, IX, *Meditations*, pp. 24-26.
(71) A&T, VIII-1, *Principes de la philosophie*, p. 25 (pars I, art. 52.). なお仏訳では、「いかなる被造物の助けもなしに存在し得るもの」とされている。A&T, IX, *Principes de la philosophie*, p. 47.
(72) ニュートン、前掲書、四一六頁。
(73) A&T, XI, pp. 4-5.
(74) Robert Boyle, *op. cit.*, p. 25.
(75) 注59の引用参照。
(76) ガリレオ、前掲『偽金鑑識官』、五〇三〜五〇四頁。
(77) 注43の引用参照。
(78) Robert Boyle, *op. cit.*, p. 25.
(79) John Locke, *op. cit.*, p. 137. 傍点部はロックによるイタリック体の強調。
(80) Thomas Hobbes, *The Elements of Law*, ed. by F. Tönnies, Oxford, 1888, pp. 3-4.
(81) *Ibid.*, pp. 4-7.
(82) *The English Works of Thomas Hobbes of Malmesbury*, Vol.III, London, 1839, pp. 2-3.
(83) *Ibid.*, pp. 2-3. 傍点による強調は筆者。
(84) 錯覚論法は、ここで検討しているような外界から感覚的性質を剥奪する実在論と知覚図式に対して適用されるのではなく、「素朴実在論」の誤りを指摘する根拠として使用されることもある。「素朴実在論」の規定の仕方も論者によって異なるが、ある種の規定の仕方に基づけば、錯覚論法をそのような素朴実在論の誤りを指摘する根拠とすることは可能であると筆者には思われる。というのも、例えば素朴実在論を「人が知覚する通りに外界の対象が現実に存在すると考える立場」と規定するなら。錯覚とは、知覚の一種であり、かつ「外界の対象が現実に存在する通りに知覚されない場合」を意味するから、錯覚の存在は素朴実在論を否定する根拠として妥当なものとなる。しかし、科学的知覚図式の場合には事情が異なる。
(85) George Berkeley, *Three Dialogues between Hylas and Philonous*, in A. A. Luce and T. E. Jessop (eds.), T*he Works of George Berkeley Bishop of Cloyne*, vol. 2, London, 1949, p. 238.
(86) Alfred J. Ayer, *The Foundations of Empirical Knowledge*, Macmillan & Co Ltd., 1955, P. 4.
(87) *Ibid.*, chap. I, sec. 2.
(88) 大森荘蔵『流れとよどみ－哲学断章－』一九八一年、産業図書、一二六頁〜一二七頁。

（89）黒田亘『知識と行為』一九八三年、東京大学出版会、二四八頁。

（90）Müller, *Handbuch der Phisiologie des Menschen für Vorlesungen, Erster Band*, Die dritte verbesserte Auflage, Coblenz, 1838, S. 780.

第三章　現代における質的知覚論の復興

科学的知覚図式が近代において登場したとき、それが含んでいる難点の指摘もすぐに出始めた。アイルランドのジョージ・バークリ（一六八五年～一七五三年）による批判はよく知られているが、彼の論点の一部はすでにフランスのピエール・ベール（一六四七年～一七〇六年）によって提起されており、またベールに先立って、ディジョンの神父シモン・フーシェ（Simon Foucher）によるマールブランシュ批判のうちにもみられることが指摘されている。[1]しかし、本格的に議論を展開したのはバークリであり、彼の所説は、すぐに見る現代のベルクソンやフッサール等の質的知覚論にも影響を与えていると思われるので、ここではまずバークリによる批判の要点と彼自身の提案を『人知原理論』および『ハイラスとフィロナスの三つの対話』によって確認しておくことにしたい。

第一節　バークリの質的知覚論

（一）二種類の性質の区別に対する批判

前章で見たように、科学的知覚図式は、色、音、味といった感覚的性質を外界に実在するとされる物体から剥奪し、一方ではその物体に延長や形、大きさといった固有の性質を帰属させて、そうした物体固有の性質が知覚者の中に感覚的性質を惹起すると考える。バークリは、まずこのように物体固有の性質と感覚的性質とを区別することは不可能だという議論を展開する。バークリは前者を第一性質、後者を第二性質と呼ぶが、これは「性質」という語を外界に実在する物体に帰属するものとして使用するロックの用語法とは異なっている。[2]バークリの考えではロックの想定するような知覚者から独立の物質的対象などは存在せず、対象は観念の複合から成るので、当然、対象のもつさまざまな性質も知覚者の観念に属することになる。したがってバークリとロックとでは用語法に違いがあるのだが、以下の論述においては、彼らからの引用以外の部分で私たちが第一性質と呼ぶのは、ロック等によって外界に実在する物体の性質とされたもののことであり、色や音等の知覚者に位置付けられる性質は、これを第二性質とは呼ばず、感覚的性質と呼んでおくことにしたい。

この第一性質および感覚的性質という二種類の性質の区別に対するバークリの批判は大きく次の二点にまとめることができる。それは、①第一性質と感覚的性質とを区別することは不可能で、第一性質もまた精神に依存するものであること、②仮に感覚的性質が物体の第一性質によって惹起されるという見方をすれば、困難に陥らざるをえないこと、の二点である。以下、簡単にこの二点を確認しておこう。

①第一性質と感覚的性質を区別することの不可能性

まず、最初の議論は、知覚の場面において第一性質と感覚的性質を分離して知覚することはできないというものであり、この点について二つの議論が提起されている。

形や運動やその他の第一性質ないし根源的性質が心（mind）の外に、思考しない実体のうちに確かに存在すると主張する人たちは、同時に、色や音や熱や寒さやその他の第二性質が心の外には存在しない

> ことを承認する。その人たちの考えでは、それら第二性質は、心の内にだけ存在する感覚であって、そうした感覚は物質の微小部分のさまざまな大きさや組織や運動に依存し、それらによって惹き起こされるのである。（中略）私は望むが、誰でもよいから反省して、思考の抽象によって物体の延長と運動を他の一切の感覚的性質なしに想うことができるかどうか、試してもらいたい。（中略）要するに、他の一切の感覚的性質から抽象された延長や形や運動は、これを想うことができない。それゆえ、他の感覚的性質の在るところ、そこに延長や形状や運動も存しなければならない。つまり、それらが在るのは心の内であり、他のどこでもないのである。（『人知原理論』第一部、第十節[3]）

第一性質とされる形や運動は、色などの感覚的性質から分離して知覚されることも考えられることもできず、感覚的性質と共に把握されねばならない。実際、例えば対象の色を知覚することなしに、形だけを知覚せよと言われても、私たちは困惑するだけであろう。

ただし、こうした議論の際に注意しなければならないのは、「色」という言葉で意味されている事柄の内実である。というのも、「色」という言葉は、ときとして無彩色（すなわち白、黒、およびその混合で得られる各種の灰色）以外の色を指すことがあるからである。このような用法に従えば、目の前にある赤い林檎から赤という色を脱色し、何か白黒の林檎を想像するなら、私たちは「色」をもたない延長や形や大きさを得たことになろう。しかし、バークリが考えていることも、また私たちが考えるべきことも、この意味での「色」のことではなく、無彩色をも含めたすべての色のことである。白、黒および各種の灰色もまた、私たちによって感覚されるものであることにはいささかの違いもなく、それを「色」から除外する理由など存在しないからである。以下の論述では、私たちは一貫して「色」をこのように理解することをここで強調しておきたい。というのも、色をもたない原子の集合としての実在といったものが主張されるとき、漠然とイメージされているのがこのような実際の色付きの世界が脱色された世界だと思われるからである。

それゆえ、このように無彩色をも含めて理解された「色」などの感覚的性質が心の内にあるとすれば、それと分離して知覚できない形などの第一性質もまた共に心の内にあるはずだ、というのがバークリの議論なのである。

バークリは、この議論に加えて、さらに第二の議論を提出する。それは、感覚的性質が心に依存して成立するとされる同じ根拠から、第一性質もまた心に依存してしか成立しないことを示すものである。

さらに次のことを付け加えよう。それは、現代の哲学者達がある種の感覚的性質は物質のうちに、あるいは心の外にはけっして存在しない、ということを証明するのと同じ仕方で、何であれすべての他の感覚的性質に関しても同様のことが証明されうるということである。例えば、熱や冷たさは、ただ心の感情にすぎず、それらを惹起する物体的実体の内に存するような、現実的存在の様式ではありえない。というのも、一つの手には冷たく感じられる同じ物体が別の手には暖かく感じられるからである。さて、私たちは、なぜ同様に、形や延長が物質の内に存する性質の様式や類似物ではないと主張してはいけないのだろうか。なぜなら、別の位置にある同じ眼に対して、あるいはまた同じ位置にある別の組織の眼に対して、それらは異なって見え、それゆえ、それらは心の外に位置する確固とした事物の似姿 the image ではありえないからである。(中略)運動は心の外にはないと言うことは理にかなったことではなかろうか。

というのも、認められるように、心における観念の継起が速くなれば、運動は外的物体に変化がまったく無くてもより遅く見えるからである。（『人知原理論』第一部、第十四節）[4]

デカルトなどが、物体に固有の性質から色などの性質を排除しようとするのは、そうした感覚的性質が観察者を含む諸条件によってしばしば非常に変わり易いからである。しかし、バークリは、まったく同じことが第一性質についても言える、というわけである。視点を変化させれば事物の大きさも形もすぐに変わってしまう。もし、色や味などを心の内に位置付けるとすれば、同じ根拠から形や大きさや運動をもそうしなければならない。

こうして、バークリは、デカルトやロックが二種の性質を明確に区別することを否定したのである。

②感覚的性質が第一性質によって惹起されるとした場合の困難

次に、科学的知覚図式が引きおこす困難に関する議論を見てみよう。

しかし、もし、私たちが物体について持つ観念と対応しているような、硬い、形を持った可動的な実体が心の外に存在することが可能だとしても、私たちはいかにしてそのことを知りうるのだろうか。私たちはそれを感官によって知るか理性によって知るかいずれかである。私たちの感官に関しては、私たちはそれによってただ私たちの感覚、観念あるいは何と呼んでもいいが感官によって直接的に知覚されるものの知識を持つのみである。しかし、それらは、知覚されるものについて私たちに教えはするが、同様に、心の外に事物が存在することを私たちに教えてくれはしない。このことは、物質主義者自身が認めている。それゆえ残るのは、もし私たちが外的事物について何等かの知識を持つとすれば、それは理性によってであり、感官によって直接的に知覚されたものからそれらの存在を推論することでなくてはならない。しかし、いったいどんな理性が、私たちが知覚するものから心の外にある物体の存在を信じるように私たちを導きうるのだろうか。というのも、物質の擁護者達自身が物質とその観念の間に何らかの必然的結合があるとは主張していないのだから。(『人知原理論』第一部、第十八節(5))

バークリによれば、私たちが知りうるのは私たちの観念のみであって、例えばデカルトの懐疑で示されたように、外界の一切が存在しなくとも精神の存在がそれ自身では確証され得るとすれば、私たちは外界を必ずしも必要としないことになろう。

しかし、私たちは、可能的にはそれら［外的物体］なしで私たちのすべての感覚を持ちうるけれども、おそらく感覚の産出の仕方を考え、説明するのに、他の仕方をとるよりは類似性を持つ外的物体を想定した方がいっそう容易であると考えられよう。それで、私たちの心にそれらの観念を惹起する物体のようなものがあることは少なくともありそうなことかもしれない。しかし、このようにも言うことはできないのである。というのも、私たちは物質主義者達に外的物体を与えるが、彼らは彼ら自身の信条によって、私たちの観念がいかにして産出されるかを知るところにはけっして至らない。なぜなら、彼らは、彼ら自身のおかげで、どんなふうに物体が心に作用しうるか、あるいはいかにして物体が何等かの観念を心に刻

印することが可能なのかを理解しえないからである。（『人知原理論』第一部、第十九節[6]）

外界の物体が原因となって作用し、私たちの感覚を惹起するという物質主義者の仮定に立てば、私たちの持つ一切の感覚はこの作用の結果であり、私たちの知りうるものはこの結果としての感覚に限定されてしまう。しかし、だとすれば逆に、この結果としての感覚とその原因となった物体の作用関係については何も語りえないことになる。観念とその原因の類似性も、作用の構造も、両者が共に観察されて初めて確証しうることである。原因については何も知り得ない以上、これらは皆知りえないことになり、かえって最初の仮定そのものが破壊されるという自己矛盾的事態に至るのである。

私たちが思考しない事物に、それらが知覚されることとは別に現実的存在を帰す限り、何らかの現実的な思考しない事物の本性を確証を持って知ることが不可能であるばかりでなく、それが存在していることを知るのさえ不可能である。（『人知原理論』第一部、第八十八節[7]）

こうして私たちは、心に関わり無く存在する物体の仮定から初めて、かえってそうした物体の不可知論へと導かれてしまう。

また、科学的知覚図式が想定するように、外界に実在する物体から「運動」などが感覚器官を通して脳に伝えられ、脳がさまざまな感覚を産出するという点についてもバークリは異議を唱えている。『人知原理論』の内容をより平易に対話形式の文章で展開したのが『ハイラスとフィロナスの三つの対話』であるが、そこでバークリの代弁者であるフィロナスは、科学的知覚図式を信奉していたハイラスに、脳とは何かと問いかける。そして脳というものも、結局感覚されるものであって、色や手触り、そして延長や大きさといった諸性質を持つものとして直接知覚されるものであり、その意味でやはり心の中に存在する観念であることを確認する。その上でフィロナスは次のように言う。

そうすると、君が言っていた脳は、感覚しうるもので、心の中にしか存在しないでしょう。では、知りたいのですが、心の中に存在している一つの観念ないし物が、他のすべての観念を引き起こすと想定することが合理的だと君には思えるのでしょうか。また、もし君がそう考えるのなら、脳自体のその最初の観念の起源は、どう説明するのでしょうか。(8)

脳そのものが、知覚される一つの観念でありながら、その一つの観念が全宇宙の観念を産み出すと考えることの不合理さがここでは指摘されている。また、もしそう考える場合には、観念である脳自体もまた脳によって生み出されることになる。ハイラスは、知覚されている脳とは別の脳が存在するのだと答えるが、それがどのような脳であるのかはもはや不明である。このような、世界の一小部分である脳が、世界全体を産み出すという不合理性の指摘は、以下の第三節で見るようにベルクソンによって明確に引き継がれている論点である。

(二) 知覚過程の説明——バークリの質的知覚論

このようにバークリによれば第一性質と感覚的性質を区別することは不可能であり、感覚的性質が精神の中にあるとすれば、第一性質もまた心の中になければならないことになる。心から切り離されて独立に存在する物体的実体という科学的知覚図式が想定するものは認められず、人の知覚する対象は心の中に存在することになる。

しかしながら、この「心の中」という規定は、いくらか問題を含んでいる。バークリもいくつかの反論に応える中で、この規定の内実を明確にしようと努力している。

①身体の外と心の中

まず、例えば目の前にある赤い林檎が、私に知覚されている限りにおいて私の心の中にあるといっても、それが私の身体の外に存在することをバークリは否定するわけではない。仮にバークリ流に考えるなら、自然界において存在していたものが消え去り、それらが人の妄想の中に存在することになってしまうという、想定される反論に対して、バークリはまず論駁している。人の空想や妄想といった観念と、目の前の赤い林檎といった観念の区別はそのまま成立しており、バークリの主張する原理によって「自然におけるたった一つの事物さえ私たちから奪われることはない」[9]と述べられる。赤い林檎が身体の外に存在するということはもちろん動かないのであるが、それはしかし心の中に存在するのである。このように身体外部の世界から質的性質が剥奪されるのを阻止し、それを外界に認める点で、バークリの考えは質的知覚論の一種であると言える。

②感覚の受動性と神による観念の送出

しかし、私が目の前に見ている赤い林檎が私の心の中にあるといっても、私が見ていない時にはどうなのか。

私がここを去っても、今隣にいる友人は、この部屋の机の上にある赤い林檎を見続けるであろうし、そのことを言葉で報告もしてくれるだろう。赤い林檎という対象は、私の心を越え出ている超越物としての性格をもつのではないのか。また、友人がそれを見ている時には友人の心がそれを捉えているということができるが、誰も見ていない時でも、この赤い林檎は存在することを止めず、この部屋の机の上に存在し続けるのではないのか。

こうした対象のもつ超越性とでもいうべき性格は、別の視点からも記述することができる。それは、私が部屋を去ってもう一度この部屋に入ったとき、私はおそらく赤い林檎を見ざるを得ないということである。私は身体外部に存在するものの観念を自分で自由に知覚することはできず、この意味で知覚には一種の受動性があるように思われる。私が知覚に際して受動的であることは、知覚対象が私の心の外部に存在することを意味し、知覚対象の超越性を裏付けているのではないのか。

このような、私の心からの知覚対象の超越性と、知覚に際する私の心の受動性をバークリは認めている。しかし、もちろん彼はこの超越性と受動性を、科学的知覚図式が想定するようなあらゆる観察者から独立に存在する物質的実体によって説明することはできない。そして彼がこの問題を神の心によって解決することはよく知られているところである。

…ひとことで言えば、世界という巨大な機構を構成しているすべての物体は心の外では存続できず、それらが存在するのは知覚される、あるいは知られるということであって、それゆえそれらが私によって実際に知覚されない限り、あるいは私の心の中に存在しない限りは、もしくは何らかの別の被造的精神

(spirit) の心の中に存在しない限りは、それらはまったく存在しないか、それとも、何らかの永遠の精神の心の中で存続するにちがいない。(『人知原理論』第一部、第六節[10])

ここで何らかの別の被造的精神と言われているのは例えば他の人の精神であろうし、永遠の精神と呼ばれているのは神のことである。また、科学的知覚図式では外界に実在する対象が原因となって私たちの知覚が引きおこされるのであるが、バークリにおいては、知覚は神が対象の観念を私たちに送ってくることによって成立する。

また、感覚によって知覚される事物は、その起源については、外的 (external) と呼ばれてよい。なぜなら、そうした事物は内部から、心自身によって生みだされるのではなく、それらの事物を知覚する心とは別のある精神によって刻印されるからである。(『人知原理論』第一部、第九十節[11])

けれども、これら空想の産物は、私の感覚によって知覚されるものほどには、まったく判明でも、力強くも、鮮明でもなく、永続的でないということは、告白せねばなりません。この感覚によって知覚されるものが実在物 (*real things*) と呼ばれているものです。そしてこうしたことのすべてから、私は、私が知覚するすべての感覚的な印象でもって、あらゆる瞬間に私に作用している (*affect*) 心があると結論づけるのです。そして、それら印象の多様性と秩序と様式から、それらの作者 (the Author) が、私たちの理解を超えるほど、賢明で、力強く、善良であると結論づけるのです。(『ハイラスとフィロナスの三つの対話』第二このように、バークリにおいては、私が目の前に見る赤い林檎や机や、あるいは周りのすべての物事、さらには私自身の身体や想念も含めたすべての観念は神から送られてくるものとなる。

(三) 問題点

バークリは他にもあらかじめ想定される反論に対して多くの議論を提出しているが、そのすべてが妥当だと思われるわけではない。科学的知覚図式の難点の指摘には鋭いものがある一方で、やや問題を含むように思われる点もある。

そうしたものの一つとして、延長をもっている外界と心との関係の問題がある。バークリによれば、目の前にある赤い林檎は、私がそれを見ているとき私の心の中にある。それがもつ色や味や手触りといった感覚的性質だけでなく、延長や大きさや形といったいわゆる第一性質もそれが心の中にある観念だという点では区別はない。林檎だけではなく、それが載っている机も、随分向こうに見える小高い丘も、すべて心の中にある。私の身体とその周りに広がる外部世界全体が、心の中にあるのである。常識的に考えれば、延長をもち、拡がりをもったものがその「中に」あるのであるから、心そのものは、むしろそうしたすべての観念を越えた拡がりをもち、それ自体も一種の延長をもつのではないかと思われるだろう。私の心は私の身体を越えて世界全体に広がり、世界の観念を内に含んでいる、と。ところがバークリは、心が延長をもつことを明確に否定しているのである。

バークリは、物質的実体を認めないので、「精神、すなわち知覚するもの以外に実体は存在しない」[13]（『人知原理論』第一部、第七節）ことになるが、しかし知覚する精神と、その内容である観念とはまったく異なるものとされる。知覚される側の観念の存在には「受動性（passiveness）と不活発性（inertness）」[14]（同、第二十五節）が含意されており、私に知覚されるものとしての私の身体もまたそうである。しかしこれに対して心、精神、魂あるいは私自身は、「能動的な（active）存在者」[15]（同、第二節）であり、「不可分で、非物体的で、延長しておらず、それゆえ可滅的でない」[16]（同、第百四十一節）と言われる。精神と観念とは「全面的に異なったもの」（同、第百四十二節）であり、それゆえ「これら二つの本性には類似ないし共通のものが何もない」[17]（同）ことになる。

バークリがこのように精神と観念を峻別する背後には、延長しているものは可分的であり、可滅的であるという信念がある。目の前の赤い林檎は一定の延長をもっているが、それはもちろんナイフで切り分けることができ、食べれば消化されて無くなる。彼が精神は非物体的で延長していないと言うとき、そのことによって魂の不滅性を確保したいのだということはよく理解できる。

しかし、精神にはバークリが言うような自発的、能動的な力があるのはもちろんだが、他方でまた受動性もあろう。実際、彼自身、私たちの知覚は神が送出する観念の受容だと考えているわけだから、後のカントが感性を受容の能力と規定したように、魂に受動性を認めないわけにはいかないだろう。

また、精神と観念の本性に共通のものがまったくないと言ってしまえば、観念が心の中に存在できるのは何故かを説明することも難しくなるのではないだろうか。延長をもった林檎の観念が、なぜ延長をもたない心の中に存在できるのか。この点はバークリ自身、その問題性に気づいていたようで、『ハイラスとフィロナスの三つの対話』では、ハイラスに、「延長しているものが延長していないものに含まれることができるのでしょうか」[18]（第三対話）と質問させている。しかし、この質問に対するフィロナスの答えは、心の中とか刻印されるとかいうことを文字通りの意味にとってはならず、彼の意図は、「たんに心がそれらを把握し、知覚するということ、外部から、すなわちそれ自身とは異なる何らかの存在者によって作用されるということ」[19]だと述べるにとどまり、以前の主張を繰り返しているだけで、説得力のある説明になっているようには思われないのである。

加えて、先にみた知覚対象の私の心に対する超越性と、知覚の受動性の問題を神によって解決するバークリの議論は、一つの有効な弁神論として、彼自身にとってはむしろもっとも得心できたものかもしれないが、それが同時代の人々にさえどの程度の説得力をもち得たかには疑問が残り、また現代の私たちにとってはなおさらのことである。

このように鋭い指摘と問題点とが共存しているようにみえるバークリの観念論は、その後の近代哲学史の中であるいは継承され、あるいは批判されてゆくが、その詳細を追うことは本書の意図するところではない。以下の各節では話を現代にまで進めて、おおむね二十世紀以降に登場した質的知覚論を瞥見し、それがバークリをどのように引継ぎ、乗り越えているか、またそれにもかかわらずどんな問題が今日に残されているかを検討したい。

第二節　フッサールの志向性概念

エトムント・フッサール（一八五九年～一九三八年）の現象学は、その基本的構想が初めて本格的に記述された『純粋現象学と現象学的哲学のための諸構想　第一巻』（一九一三年、以下『イデーンⅠ』と略称）における感性的知覚論を土台としている。この知覚論は、外界に色や音などの感覚的性質を帰属させる質的知覚論とみなし得るものである。ここでは、本書のこれまでの叙述との関連からその骨格のみを確認しておきたい。また、次に見るベルクソンの『物質と記憶』（一八九六年）における知覚論はこれに時期的に先立つもので、著作年代順からすればまずそちらから見るべきものであるが、問題になっている事態を把握するためにはむしろフッサールから見るのがよいと思われるので、この順に検討して行くことにする。

（一）フッサールにおける科学的知覚図式の批判とバークリの評価

フッサールは、『イデーンⅠ』の第四十節で第一性質と第二性質の区別に言及し、それに対するバークリの批判を評価している。フッサールは特に、私たちが知覚する事物の背後に、それとは異なる物理的事物が存在すると仮定すると、この物理的事物が不可知のものとなってしまう事に注意を喚起している。例えば、彼は、第四十三節で次のように述べる。

　したがって、次のように考えるのは原理的な誤謬である。すなわち、知覚は事物そのものに近づくことはできない（そして、別種の事物直観のどれもみな、それぞれの仕方で近づけない）。事物そのものは、それ自体で存在し、その自体存在においては私たちには与えられないのだと。[20]

フッサールは、世の人々がいわゆる知覚の写像理論やその代替物としての記号理論によって迷わされていると述べ、そうした理論がいずれも背理であると指摘している。

また、右記「一つの原理的誤謬の解明」と題される第四十三節の他、第五十二節「補足。物理学的事物および〝諸現出の未知の原因〟」でも同様の主旨が繰り返し述べられている。すなわち、現実的に知覚されるものは、その背後に原因を持っており、この原因は私たちには隠されたものであって、ただ間接的かつ類比的な数学的概念によって性格づけられ得るにすぎないとするような、広く流布した実在論が可能であるのは、ただ、世の人々が、事物所与や、〝事物一般〟の意味を真剣に注視して学的に究明することを回避する限りにおいてのみだというのである。[21] このようにフッサールにとって事物は、あくまでも私たちの意識に与えられたものであり、こうしたフッサールの立場は、対象が「骨肉を備えて（in Leibhaftigkeit）」意識に即して与えられるとか、対象の「自己所与性（Selbstgegebenheit）」といった彼の術語にもよく表れているように思われる。

（二）志向性概念による架橋

フッサールによれば、一切の認識問題を根底から考えるためには、私たちが素朴な態度で普段行い、また科学的知覚図式が前提しているような、意識とは独立に存在する事物という想定を一旦は中断して、私たちの認識の源泉としての純粋な意識に立ち戻らねばならない。そのための方法が現象学的還元（phänomenologische Reduktion）と呼ばれるものであるが、この方法は大きく二つの部分に分けることができる。第一の部分は、私たちが通常行っている、自然的世界が実在するという一般的想定（「自然的態度の一般定立」と呼ばれる）を一旦「括弧に入れる」作業であり、これは「現象学的エポケー」（エポケーとはギリシア語で立ち止まること、停止することを意味する）とも言われる。このエポケーによって、そうした実在の想定を前提として成立している諸科学の成果も遮断される。括弧入れの後に残るものは、「純粋意識」あるいは「超越論的意識」ないし「超越論的主観性」と呼ばれるが、現象学的還元の第二の部分は、この純粋意識の構造の本質を見て取る「本質直観」の作業である（本質直観は、形相的還元と呼ばれることもある）。こうして現象学は、純粋意識に立ち返り、その本質構造を見て取ることによって、一切の認識問題を基礎付けようとする根源的な学となる。

このようにフッサールは私たちの知覚意識の構造を取り出していくが、科学的知覚図式を拒絶するからといっても、彼は知覚対象を知覚体験の集合へと解消しようとしているわけではない。フッサールは事物が私たちの知覚体験の実的な（reel）契機、つまり体験に内的な要素によって汲み尽くされるものではなく、原理的にそれを超越したものであることを主張する。事物はあくまでも私たちの体験にとっては超越であり、しかも超越として意識され、超越として思念されているとされる。やや逆説的な言い方になるが、目の前の赤い林檎は、私たちの意識から超越しているものとして、しかも私たちの意識に内在していることになる。

そして、この超越と内在を架橋するのが、意識一般の構造としての志向性（Intentionalität）の概念である。フッサールはこの概念を師であるフランツ・ブレンターノ（一八三八年〜一九一七年）から受け継ぎ、それを独自に発展させている。今、一本の樹を見るという例で考えてみよう。先に述べた現象学的エポケーによって、私たちとは関係なく実在する樹という想定が括弧に入れられるとき、知覚対象はどのようなものとして私たちに現れるだろうか。

私が一本の樹を見るとき、私は樹の一面を感覚的に捉えている。それは緑の葉を茂らせているし、風にそよぐ音を発していて、感覚的性質を備えている。そして私が少し歩いて別の角度からこの樹を眺めれば、また別の側面が私に感覚されるし、樹はさらにさまざまな条件の変化を通して私に無限の現れ方をするだろう。私が「一本の樹」を知覚するとき、私は樹をそうしたものとして、つまり無限の現れ方を呈しうるもの、現に私が持っている樹の感覚を超越したものとして捉えている。このように私たちの知覚対象は、感覚的現れが無限に展開される中でそれを目指してゆくような「志向的対象」であり、それは「ノエマ」(思念されたもの、という意、「ノエシス」とともにギリシア語に由来)とも呼ばれる。私たちが「一本の樹」を知覚するとき、私たちは感覚的現れである樹の一面を超えているものを一挙に把握するのであり、いわば樹の一面にすぎないものに生気を吹き込み(beseelen)、「樹」という対象を構成する。このような意識の働きはノエシス(思念)と呼ばれる。このように私たちにとって一種の超越物であるものが私たちの意識の働きに支えられていること、主観的な体験に汲み尽くせない客観が、しかもなお主観に内在するという、超越と内在、客観と主観を架橋するこの構造こそフッサールの志向性概念の特徴である。

しかし、今述べられた構造は、まだ私という主観と知覚対象との関係にしか視線を注いでいない。ところが、一本の樹は、もちろん私だけではなく他の多くの人々によっても知覚される対象であり、私が樹を見るときにも、樹はそうしたものとして見られている。『イデーン第一巻』における純粋意識への還元が独我論ではないかとの批判に答える形で、フッサールは『デカルト的省察』(一九三一年)[22]でこの他者の問題を展開することになる。

そもそも私と他者の間には乗り越えがたい壁が存在する。というのも、他者は私と同様に意識体験を持っているはずであるが、他者の意識体験を私が体験することはけっしてできないからである。例えば、私の目の前にいる人が私と同じ飲み物を飲んでも、その人が感じているその味を、私が感じることはできないし、二人で共通の友人のことを思い浮かべても、目の前の人の頭の中に友人のどんなイメージが浮かんでいるかは私にはまったく見えない。しかしその一方で、私と他者とは、ともに身体を持つという点で共通している。例えば一本の樹の上に誰かが登っており、私が下からそれを眺めているとしよう。今度は私が樹の上に登り、上にいた誰かが下から眺めるとする。このとき樹の上にいる私の眺めは、おそらく先に上にいた人の眺めと同様であろうし、今下にいる人の眺めは、先の私の眺めと同様であろうと、私は思う。つまり、同じ位置を取ることができる身体という共通の地盤に基づいて、私は他者の身体に自分の意識体験を置き入れている。このような作用をフッサールは「移入（Einfühung）」と呼び、これによって私と同じ多くの主観の存在が想定され、一本の樹はこれら多数の主観の働きによって構成されるものとみなされることになる。主観性の働きがこのような多数の主観の次元で語られるとき、それは間主観性（Intersubjektivität、相互主観性とも訳される）と呼ばれる。

一本の緑の樹木という対象は、「緑」を含む私たちの感覚がノエシスによって生化（beseelen）され、志向的ノエマとして成立するという彼の知覚図式は、質的、感覚的要素を知覚世界に残すものである。また、バークリが他者の心と神の心によって解決しようとした知覚対象の私の心に対する超越性の問題は、まったく別の形で、つまりノエマ－ノエシス構造における知覚対象の志向的内在、および知覚対象の間主観的構成という形で、解決が模索されていると言えよう。それでは、知覚の受動性の問題についてはどうだろうか。

(三) 二種類の触発論と二種類の受動性

この知覚の受動性に関連する問題を扱ったものとして、フッサールによる触発論がある。触発とは、おおまかに言って、知覚対象が知覚者に働きかけて知覚を生起させることであり、したがって知覚に際しての私の心の受動性という問題と関係してくる主題なのである。ただし、フッサールの触発の捉え方は、例えばカントのそれと異なっていることに注意しなければならない。カントは、『純粋理性批判』第一部、超越論的感性論の冒頭で、次のように述べている。


どのような仕方で、またどのような手段によって認識が対象に関係するにせよ、認識が対象に直接関係するのは直観をとおしてであり、手段としてのあらゆる思考が向かう先も直観である。しかし、直観は対象が与えられるかぎりでのみ生じる。このことはしかし、さらに、少なくともわれわれ人間にとっては、対象がわれわれの心的能力をある仕方で触発することによってのみ可能なことである。われわれが対象に触発される仕方をとおして観念(Vorstellung)を得る能力(受容性 Rezeptivität)、それを感性(Sinnlichkeit)という。それゆえ感性を介して、われわれに対象が与えられるのであり、感性のみがわれわれに直観を供給するのである。

(中略)

われわれが対象に触発されるかぎりで、ある対象が観念能力(Vorstellungsfähigkeit)に及ぼす作用は感覚(Empfindung)である。(23)

カントによれば、感覚とは、対象が私たちに働きかけて触発することによって私たちが対象の観念をもつことである。これは対象が与えられる受容の能力であって、ここでは、知覚に際しての私たちの受動性が説明されていると言える。しかし、よく知られているようにカントにおいては、感性には時間および空間というアプリオリな形式が備わっており、あらゆる感覚はすでにこの形式をもつものとなっている。その一方で、私たちの感性を触発してくる対象はこの時間・空間という形式の向こう側にある物自体（Ding an sich）だと言われる。しかし、この物自体の世界とはいったい何か。時間や空間という形式を越えたところにある存在とは一体何か。私たちはそれが存在することをどのように知りうるのか、といった点は判然としない。また、カントは、因果性の概念を一つのカテゴリーとしたが、つまりそれは原因や結果という枠組みを私たちが語りうるのは、現象の世界においてである、ということを意味する。しかし、物自体の世界が、自我を触発して現象を生ぜしめる原因と考えられていることは、このことと矛盾する。このような物自体という概念が含む難点をいち早く指摘したのはフィヒテであり、[24] こうした難点を克服するためのフィヒテの試みは、世界の一切を自我の働きによる構築物とするもので、自我の働き以前にある物自体の世界を認めないものであった。

知覚の背後にある未知の原因を認めないフッサールは、したがって、触発という事態をまったく別様に規定している。つまりいかなる意味においても私たちには知り得ない物自体が私たちの意識を触発し、感覚を生ぜしめるというのではなく、フッサールにおいては、意識された感覚や対象が自我を触発するものとして考えられているのである。彼は触発を定義して次のように述べる。

私たちは、触発ということを、意識に即した刺激（der bewußtseinsmäßige Reiz）ないし意識された対象（ein bewußter Gegenstand）が自我に働きかける独特な牽引（der eigentümliche Zug）と理解している。この牽引は、自我の注意の差し向け（Zuwendung）において発動され、そこから自己能与的な直観、対象自体をより露呈する直観へ向けての努力において継続される牽引であり、したがって、対象の閲覧（Kenntnisnahme）へ向けての努力、対象のより詳しい観察へ向けての努力において継続される牽引である。

（『受動的総合の分析』第三部、第二章）（強調は筆者）[25]

例えば、夕方川べりの道を散歩していた人が、もう暗くなってきた中で、向こうに何か赤い服を着た人のようなものがじっと川を見つめている様子を見たとしよう。変だなと思ったこの人は、近づいて行き、よく目を凝らしてみると、それは郵便ポストであった。このとき、この人の目には、まずこの人が服だと勘違いした赤いものが感覚されており、このすでに与えられた感覚が自我を刺激して、自我の注意の差し向けを喚起し、この人が接近してさらに詳細に観察するという事態を引き起こしている。フッサールが分析しようとする触発は、このように、すでに意識に与えられた感覚による自我の働きの惹起のことなのである。

ここには確かに知覚に際しての私たちの受動性が現れているが、これはすでに感覚に与えられたものと自我との関係における受動性である。赤いものがすでに感覚において与えられており、自我はこの感覚の触発を受けてさらなる探索作業を開始する。しかし、この受動性は、赤いものが感覚される際の受動性とは異なるものだと言わなければならない。つまり、私たちは、感覚が与えられる際の受動性と、与えられた感覚によって自我が触発される際の受動性という二種類の受動性を区別すべきであって、フッサールの視線はもっぱら後者へ注がれており、前者はただ事実として受け止められているようにみえる。しかし科学的知覚図式が想定した物質的実体の代わりにバークリが神による観念の送出を主張し、またカントが物自体を想定した背後にあるものは前者の受動性であるから、フッサールの分析は、科学的知覚図式の乗り越えという視点から見れば、未完結の部分を残しているように思われる。

第三節　ベルクソンの純粋知覚論

（一）科学的知覚図式の批判とバークリの修正

ドイツのフッサールと同年に生まれたフランスのアンリ・ベルクソン（一八五九年〜一九四一年）は、『物質と記憶』（一八九六年）において知覚を論じている。彼はこの書のとりわけ第一章において、外界から質的、感覚的性質を排除する科学的知覚図式を否定しつつも、バークリの観念論をも修正し、いわゆる実在論と観念論の双方の行き過ぎを是正して、むしろ常識がもっているような物質の概念を理論化しようとしている。例えば彼はバークリについて次のように言う。

バークリが「機械論哲学者たち」に抗して、物質の第二性質が第一性質と少なくとも同じだけの現実性をもつことを明確にしたとき、哲学は大きな進歩をとげた。彼の誤りは、そのために物質を精神の内部に移し、純粋な観念にしなければならないと信じたことであった。[26]

ベルクソンによれば、観念論のように「物質を私たちがそれについてもつ表象に還元することは誤り[27]」であるが、実在論のように「私たちの内に表象を産み出すが、表象とは別の本性をもつものとするのも同様に誤り」(28)なのである。その上で、彼は、物質を、「イマージュの総体（un ensemble d'images）」(29)と定義する。イマージュは表象とも訳せるから、バークリの「観念（ideas）」に近いもののように思われるのだが、しかしこのイマージュは、バークリがそう考えたように心に依存して存在するのではなく、それ自体で自立的に存在するとされる。常識的に生きているときの私たちは、赤い林檎は赤という性質を生き生きともっており、また誰もそれを見ていないときにも赤い林檎であり続けると思っている。ちょうどそのように、物質は、自存するイマージュから成り立つというのである。

哲学的思索に馴染みの無い人に対して、バークリがそう言おうとしたように、その人の前にある対象、見たり触ったりする対象が、その人の精神の中に、精神にとってだけ存在するとか、もっと一般的に、一つの精神にとって存在するだけだと言えば、その人はたいへん驚くだろう。その対話者は、対象はそれを知覚する意識からは独立に存在するのだと、とにかく主張するだろう。しかしその一方で、この対話者に、対象はそこに知覚されるものとはまったく異なっており、眼がその対象に帰す色も、手がそこに見いだす抵抗ももたないと言うなら、この人は同様に驚くだろう。この色やこの抵抗は、その人にとって、対象においてある。それらは私たちの精神の状態ではない。それらは私たちの存在から独立した存在を構成する諸要素である。それゆえ常識にとっては、対象はそれ自体で存在し、他方また、対象はそれ自体において、私たちが知覚するように生彩ある（pittoresque）姿をしている。これはイマージュだが、それ自体で存在するイマージュなのである。(30)

それゆえベルクソンのイマージュは、観念論者が表象と呼ぶもの以上のものであるが、実在論者が事物と呼ぶもの以下であり、事物と表象の中間にある存在だとされている。物質がこうしたイマージュから構成されるということは、とりもなおさず色や抵抗や音や味といった質的な諸性質を物質がもっているということであるから、ベルクソンの考えは質的知覚論の一種だとみなしてよい。また、質的性質の存在を観察者の中ではなく外界に認めるのであるから、外界からの物理的刺激を受けて脳が外界のイメージを作り出すという科学的知覚図式の知覚過程の説明も否定される。というのも、脳それ自体がイマージュであり、脳に至る求心性神経も、脳から出る遠心性神経も等しくイマージュだからである。

私が脳の興奮と呼ぶこのイマージュが、外部のイマージュを産み出すためには、それがなんらかの仕方で外部のイマージュを含んでいなくてはならず、物質的宇宙全体の表象が、この分子運動の表象の中に含まれていなければならない。さて、このような命題は、ただ述べただけでその矛盾を見いだすには十分である。[31]

脳状態も、その周りの身体も、さらにそれを取り巻く外界、広大な宇宙もすべてイマージュである。脳状態は、このイマージュの世界の一小部分に過ぎないのに、この一部分が、宇宙のイマージュ全体を産出するというのは、明らかな矛盾であり、ベルクソンは、脳が表象を産むという考えを各所で明確に否定している。それでは、私たちが外界を知覚する過程はどのように説明され、そこで脳ないし身体はどのような役割を担っていると考えればよいのだろうか。

(二) 物質に関する科学的体系と知覚体系

世界はいまやイマージュからなるものと考えられることになったが、イマージュは相互に関連し合っており、ベルクソンによればこの関連の仕方は大きく二種類に分けられる。その一つは、原因と結果の法則が成立するような仕方で、各イマージュが自立的に相互に影響し合うような体系であり、これは科学的にみた宇宙の体系に他ならない。もう一つは、私の身体という特殊なイマージュが中心にあり、他のイマージュはこの身体のまわりに配置されていて、この身体のイマージュが変化すると、それにつれて全体のイマージュも変化する。これは私の知覚という体系である。

…一つの体系は科学に属し、そこでは各々のイマージュが、それ自身だけに関係づけられ、絶対的な価値を保持している。もう一方の体系は意識の世界であり、ここではすべてのイマージュが、中心にある一つのイマージュ、すなわち私たちの身体によって規定され、その諸変化に従う。(32)

ベルクソンによれば、実在論は前者から後者を導出しようとし、逆に観念論は後者から前者を導出しようとするが、二つの体系はそれぞれ自足しているので、そうした試みはいずれも失敗する。この失敗は、実在論も観念論も誤った前提に立っているからであり、それは知覚というものが純粋な認識に他ならないという前提である。ベルクソンの考えでは、二つの体系の交差を可能にするのは、身体を行動の中心と捉え、知覚を行動という視点から捉えるときだけなのである。

この関係を見届けるために、ベルクソンはまず事態を簡略化するが、それは私たちの通常の知覚に常に関係してきているはずの記憶の作用を取り外すということである。知覚はどのようなものであっても幾何学的な瞬間において行われるものではなく、一定の時間的持続を含んでおり、したがって過ぎ去ったばかりの記憶を含んでいる。記憶に関する問題は後続する章で議論され、むしろこちらが『物質と記憶』の本題ともなるのだが、それに先立ってまずベルクソンは、物質と表象との関連を考えるために、事実としては私たちの知覚に浸透しているはずの記憶の働きを除外して考え、権利上存在するはずのそうした知覚を、純粋知覚（la perception pure）と呼んでこれを分析してみるのである。

出発点は、イマージュの総体としての物質世界である。確かにこのイマージュは、「知覚されなくても存在することができるし、表象されなくても現存することができる」[33]。ここでは、先に見たように各イマージュ間に自然科学的な法則が成立している。ここから、中心としての身体の周りにイマージュが配列される知覚体系がどのようにして生じるのかを説明することが問題となる。しかし、知覚の役割は、身体の周囲を取り巻く物体のイマージュを産出することではない。というのも、すでにイマージュの総体が前提として与えられているのだから、その必要はまったくないのである。

私たちは常に知覚対象の一面しか見ず、つまりはイマージュの総体の一部しか知覚しないのだから、ベルクソンにおいてむしろ問題は、知覚がいかにしてイマージュの総体を、私たちが表象するものへと限定してゆくかという点にあることになる。

最初の言葉［現存 présence］よりも次の言葉［表象 représentation］により多いものがあり、現存から表象へ移るために何かを付け加えなければならないとすれば、この隔たりは乗り越え難いものであり、物質から表象への移行は、見通せない神秘につつまれたままであろう。もし最初の言葉からあとの言葉へ、減少（diminution）という道を通って移ることができるとすれば、そしてイマージュの表象がその単なる現存よりも、より少ないものであるとすれば、事態は変わってくる。[34]

この「減少」は、やはり身体が行動の中心であるということから生じると考えられている。外界の各イマージュは、相互に影響を与え合っているが、それは自然法則に従っていて、他のイマージュからの影響に対する反応には選択の余地がない。しかし、身体という特殊なイマージュの場合には事情は異なっている。外界のイマージュから身体へともたらされる影響は、物質相互の場合のように必然的な反作用を産むわけではない。もちろん身体にも反射作用はあり、これは比較的機械的な反応である。しかし、生物の身体が高度で複雑になればなるほど、外界から求心性神経線維を通して伝えられた運動は、そのまま遠心性神経線維を経て身体の運動へと繋がりはしない。ベルクソンの考えでは、脳の働きは外界から伝えられた運動をいったん保留し、それに対する反応の多くの選択肢へと接続することにあり、脳はいわば「一種の中央電話局」[35]に他ならないのである。生物の神経組織が複雑化すればするほど、あるいは機能と行動の選択肢が増せば増すほど、保留の度合いは大きくなり、法則的必然性とは異なる自由度が増すことになる。生物の知覚世界が、原始的な生物から人間のような高度な神経組織をもつ生物までおそらく拡大してくるのは、この自由度、あるいは「不確定性（indétermination）」[36]の拡大に対応しているのである。

ベルクソンは、試みに脳脊髄系統の求心性神経線維を全部断ち切った場合を想定してみるが、メスで神経線維を切断しても、身体の他の部分も、宇宙全体ももちろんそのまま残っている。ところが、私の知覚世界はすべて消失してしまう。ベルクソンによれば、このことが意味するのは、次のことである。すなわち、求心性神経を通して私が得ていたのは、私が周囲の事物に働きかけるために必要な情報であり、この神経の切断は、この働きかけが不可能になったことを意味する。それと同時に知覚世界が消失したということは、この知覚世界が私の行動の可能性と等価だということを意味する。イマージュの総体において私の知覚は、「私の身体の潜在的な、あるいは可能的な行動を、ちょうど影か反射像のように正確に描き出す[37]」のである。そしてこの描出は、イマージュの総体としての物質から、身体の可能な行動に不必要なものを取り除くという仕方で行われる。

客観的な事物のイマージュの各点は、他のイマージュからの作用を受けとってその全部を伝え、それに対して反作用を返す。この各点は結局、無限の宇宙に波及する変化があらゆる方向へと伝わる通路のようなものである。ところが生物の身体は、そこに反射とは異なる自由を持ち込み、不確定性を持ち込む。

それら［不確定性の中心］は、いわば外的な諸作用の中から、それらにとってはどうでもよいものは通過するままにしておくだろう。それ以外の作用は分離され、その分離そのものによって知覚となるだろう。[38]

…ということはつまり次のようなる。すなわち、それら［私たちを取巻く周囲のイマージュ］は、すべての要素的部分を通じて相互に作用し反作用する。それゆえ、それらのいずれも、意識的に知覚されもしないし、知覚しもしない。これに反して、それらがもしどこかで反作用のある種の自発性とぶつかるなら、それらの作用はそれだけ減少させられる。そしてそれらの作用のこの減少が、まさしく、それらについて私たちがもつ表象なのである。したがって、事物についての私たちの表象は、結局、それらが私たちの自由に対して反射することから生まれるのだ。[39]

私たちの身体も、外界のイマージュの各点から無数の作用を受けているだろう。私たちの身体がただの物体であるならば、この作用に対する応答は自然法則に従ったものでしかない。しかし、行動の中心としての身体は、この外界からの作用を受けて、それをどのような行動へと展開するのかについての自由と不確定性をもっている。私たちの身体ができる可能的行動からみて、有用なものと無用なものの間でイマージュの選択が行われる。不要なイマージュは素通りさせ、有用なイマージュは絵のように浮かび上がらせる。それが私たちの表象であり知覚であると、ベルクソンは言うのである。

(三) ベルクソンにおける知覚対象の超越性と知覚の受動性

このようなベルクソンの質的知覚論においては、バークリで問題になったような知覚対象の超越性と知覚の受動性の問題は、どのように扱われていると言えばよいであろうか。

まず、知覚対象の超越性については、それが二重の仕方で確保されていると言える。第一に、ベルクソンが物質をイマージュの総体と規定する時、このイマージュはバークリの観念のように心の中にのみあるものとは考えられていない。先にも確認したように、それは知覚されていなくても(あるいはまた考えられていなくとも）存在するとされているので、その意味において人の心の働きを越えている。第二に、物質がイマージュの総体であるのに対して、人の知覚は自らの行動に関与するその一部を表象するのみであり、その意味においても物質は知覚を越えているものと理解できる。この点については、ベルクソンの考え方は、先にみたフッサールと好対照をなしていると言える。というのも、フッサールにおいては、私たちに与えられる有限の感覚が、ノエシスの作用によって無限の現れ方をする超越的対象として把握されるのであるが、これは与えられている感覚に対して主体の側が超越物としての意味を与えてゆく、いわば加法的な過程と考えることができる。[40] これに対してベルクソンでは、前提されているイマージュの総体に対して行動の中心としての身体が行う働きかけは、それを自らの利害関係によって減少させることだから、これは減法的なのである。

　知覚の受動性についても、やはりベルクソンにおいてはそれが二重の仕方で確保されていると言うことができる。第一に、バークリにおいては、私の心が知覚対象の観念を受動的に受け取ることは、観念が神の心の中に存在し、神がそれを私に送り出してくるということで確保されていたわけであるが、ベルクソンにおいては、知覚とは離れて外界に自存するイマージュが想定され、またこのイマージュは相互に作用し合っていると考えられているので、それが私の身体に作用し、私がそれを受動的に受け取ることは問題なく説明される。また、表象は、まず認識する主体ではなく、行動の中心としての身体がみずからに有益なものを選択する振い落しによって浮上させられるのであり、その結果としてのイマージュは、表象する主体にとっては受動的に与えられると考えることができるのである。

(四) 問題点

外界に関する私たちの知覚が、純粋な認識ではなくて、私たちの行動と密接に関連したものであるというベルクソンの視点の方向性は、前節でみたフッサールが『イデーン　第二巻』で展開したキネステーゼ（運動感覚）論や、それを引き継いだメルロ＝ポンティの知覚論にも見て取ることができるし、またすぐ後でもいくらか触れるように、昨今の科学的知覚研究においてもこれを支持するいくつかの結果が報告されている。けれども、行動の中心としての身体がイマージュを選択した結果知覚表象が生じるという理論は、科学的データの裏付けをもとに論じられているわけではなく、またベルクソンはそれを意図してもいない。純粋知覚論に続いて論じられる記憶の問題について、彼がいわゆる失語症の事例を通して科学的裏付けを与えようとしているのとは違って、権利上存在するものとしての純粋知覚の理論はまずは図式的な説明として与えられている。とりわけ物質から表象への移行に関する彼の説明が、今日知られている知覚に関する科学的知見と合致し得るものかどうかは、さらなる検討を必要とするものと思われる。しかし、理論的な問題として考えた場合にも、彼の純粋知覚論にはすっきりと飲み込めない部分も存在する。

まず、外界のイマージュが自存する、つまり知覚されなくとも存在する、という点である。普通、私たちが外界の知覚対象についてもつ表象は、私たち自身に依存していると考える。例えば赤い林檎を見ているときの赤という色は、私が何か強い薬を飲んだ後ではそれ以前と違って見えるかもしれず、つまりは私の身体の状態に依存していると考えられる。同じような身体組織をもった人なら同じような色を知覚しているだろうとは推測できるが、それはあくまで推測であって、色の体験は、そして他の感覚的性質の体験も普通は主観的なものとみなされている。しかしベルクソンは、それが知覚からは独立に、つまり客観的に存在するとするわけである。

彼がそのように想定できるのは、この想定が、記憶の関与を排除した純粋知覚に関するものだからである。というのも、ベルクソンの考えでは、知覚の主観性を彩っているのは、主として私たちの記憶だからである。

…感覚的性質の主観性は、とりわけ、私たちの記憶力によって為される、現実の一種の収縮に存する。要するに、記憶力は、直接的知覚の素地を記憶の布で覆い、同様にまた多数の瞬間を収縮する限り、この二つの形式において、知覚における個別的意識の主要な供給源、事物についての私たちの認識の主観的側面を構成するのである。(41)

ベルクソンは後にここで言われている二種の記憶の区別について詳しく論じてゆくが、いずれにせよ私たちの具体的な知覚は記憶に浸出されており、この記憶が表象の主観性を形作っているとされる。逆にこの記憶の働きを排除して想定される純粋知覚においては、知覚は客観的であり、つまり表象されるものは、イマージュの総体としての知覚対象の純粋な一片であるということになるわけである。だとすれば、確かにベルクソンの言うように、そうした意味でのイマージュは、客観的に自存すると言い得るかもしれない。

けれども、記憶の働きを（そしてベルクソンが他にも具体的知覚に入り込んでいるとする感情をも）除去した純粋知覚を考えたとしても、果たしてそのときのイマージュから一切の主観性が排除されたと言えるであろうか。というのも、純粋知覚の表象は、行動の中心としての身体によってイマージュが選択されて出来上がる以上、身体の行動様式がそこに関与してこないはずはないからである。例えば子どもの頃には自分の家は広く、学校までの道のりは遠く感じられたが、成長して後は、家は狭く、道のりも近く感じられる。このように世界の広さの知覚が変化するのは、私たちの身体の成長と関与しているに違いない。一個人におけるこうした時間的変化は、複数の個人における個体差に置き換えて考えることもできるだろう。同じ知覚対象を身長の比較的大きい人と、比較的小さい人が見たとき、この人たちが純粋知覚において得ると想定される表象は、同じなのだろうか、異なるのだろうか。また、さらに生物の種差を考慮に入れてもよい。例えば蝶の行動および身体組織と、私の行動および身体組織は異なる。蝶は紫外線を知覚すると言われるが、私にはできない。蝶と私とが同じ花を知覚している場合、純粋知覚においてそれぞれが得ると想定される表象は、同じなのだろうか異なるのだろうか。おそらく異なるであろう。そうすると、私が受け取っている表象を、知覚対象の客観的な一片と言ってもいいのだろうか。それはむしろ私という人間、あるいは私という個体に特有の、したがって主観性を帯びた一片というべきではないのだろうか。

あるいは、次のように言われるかもしれない。確かに、私が受け取る表象と蝶が受け取る表象は異なるだろう。そういう意味ではそれぞれの表象は生物種および個体に特有の差異を帯びている。しかしベルクソンは、物質はイマージュの「総体」だと言っているのだから、私が得たイマージュも蝶が得たイマージュも、物質を構成する客観的なイマージュのそれぞれ一片だと考えればよいだけで、それらはみな客観的なイマージュの部分なのだ、と。しかし、そうすると、このイマージュの「総体」というものが理解しにくくなってしまう。知覚対象としての林檎は、質を備えており、しかも客観的に自存するとされるのだが、人間である私が純粋知覚において得る表象もその一部であり、蟻が小さい身体で知覚する表象もその一部であり、象が知覚する表象もその一部であり、蝶が知覚する表象もその一部であって、それらのイマージュが「総体」を形成することになる。こうした知覚者は無限の種差と個体差を含み、無限に多くのイマージュを含むことになろうが、その場合の「総体」とは一体どのようなものなのか。そうした総体が自存し、かつ自然法則に従って相互作用するという事態は、少なくとも著者には理解し難いもののように感じられる。

第四節　ギブソンの直接知覚論

アフォーダンス概念で知られるジェームズ・ジェローム・ギブソン（James Jerom Gibson、一九〇四年～一九七九年）の『生態学的視覚論』（*Ecological Approach to Visual Perception*、一九七九年）[42]は彼の遺著となった。ここで採られる知覚の生態学的アプローチは、知覚を環境とその中の観察者を含む生態学的システム全体としてとらえようとする。視知覚は、私たちを取り囲む「包囲光配列」の流動から私たちが必要な情報を「不変項」として取り出す「直接知覚」とされ、網膜像を媒介とした従来の知覚図式は否定される。網膜像が不要であることを実験的に示す試みもなされている。隠される面と隠す面、地面に支えられる身体、頭の動きによるキネステーゼ的自己認知等、彼の記述は、多分に現象学的なものを含んでいるように見える。以下では、本書の視点から彼の視覚論についていくつかの点を確認しておきたい。

（一）「空間」とは異なる「環境」としての外界

ギブソンが従来の理論を否定する視覚論を唱えることになったのは、彼の実際的な経験が元になっている。第二次世界大戦中、ギブソンなどの心理学者は、パイロットが機体を着地させる仕方の問題に当時の「奥行知覚」の理論を適用しようと試みたがうまく行かなかった。この理論は、知覚がまず二次元的、平面的な色の寄せ集めから成り、そこに第三次元の奥行が加わるとするもので、そのために知覚者が利用する手がかりが存在するというものであった。しかし、この奥行手がかりという考えに基づいて試みられた検査は、訓練パイロットの結果を予測することも、成績を向上させることもまったくできず、そのことにギブソンは随分と頭を悩ませた。そこから彼は奥行知覚の理論全体が誤っていると考えるようになったという。外界は、空虚な大気の中にある物体から構成されるのではなく、隣り合う面をもつ基本的な面で構成されている。ほとんど対象のない空を飛ぶパイロットにとっての空間ですら、地表や地平線によって決定される。実験室の中で検査されるような三次元的空間知覚の考えは抽象的で使い物にならず、実際に外界に存在する地表や地平線の知覚を除去しては外界の知覚は成り立たないように思われたのである。彼は言う。

私が示唆したのは、デカルト座標の三つの軸をもつ3次元空間という概念は、数学には非常に好都合なものであるが、それは現実の知覚とはほとんど関係のない抽象化にすぎないということである。[43]

それゆえ、ギブソンが解明しようとする知覚にとっての外界は、物理的世界ではなく、生物や人間が現実的に生きる世界であり、生態学（ecology）の水準における世界であって、これは環境（environment）と呼ばれている。

この「環境」を構成する諸要素は、抽象的な空間やその中に存在する物体を構成する諸要素とは本質的に異なることになる。私たちがまず着目すべきなのは、大地、水、空気であり、大地は陸生動物の行動の基盤であり、水や空気は、その中を物が移動できる媒質（medium）である。地球環境は、そうした媒質とさまざまな実体（substances）からなり、それらを面（surfaces）が分けている。また、媒質は、光や音を伝えるものでもあり、環境の各地点は周囲からやってくる包囲光（amient light）に包まれている、等々。こうした環境世界は、私たちが具体的にそれを生きているものに他ならない。ギブソンはその構成を基礎から辿り直し、再構成してみせようとしているように思われる。[44]

ギブソンにとっての外界は、それゆえ、科学的知覚図式が想定するような感覚的性質を欠くものではあり得ない。そのことは、彼が生態学的な環境世界で問題になる用語と、幾何学の用語の相違を説明する際にはっきりと表れている。例えば彼は、幾何学的な平面（plane）と生態学的な面（surface）の違いを説明して次のように述べる。

> 平面は色をもたないが、面には色がある。平面は透明な幽霊（transparent ghosts）であるが、面は一般に不透明で、実体がある（substantial）。二つの平面の交差による線（line）は、二つの平らな面が接合してできる縁（edge）や隅（corner）と同じではない。[45]

彼は明らかに外界に色などの感覚的性質を返し、またこの引用が含まれる第三章の表題「意味に満ちた環境（the meaningful environment）」が端的に示しているように、環境に意味を取り戻そうともしている。[46]彼がロックの第一性質に言及しつつ、バークリ同様に第一性質と第二性質の区別はまったく不要だと述べていることも興味深い。

得ない。

（二）情報抽出としての視覚過程

ギブソンにとって外界が、生物体がその中で生きる質と意味に満ちた環境世界であるとすれば、生物体がそれを知覚する過程も、当然、科学的知覚図式が想定するような物理的世界からの刺激の受容と処理ではあり得ない。

まず彼は、知覚を外界からの刺激という概念に基づいて理解することを否定する。というのも、例えば目の光受容器は通常は光によって興奮させられるが、それは光である必要はなく、機械的な刺激でも電気的な刺激でも効果が表れる。これはミュラーが述べたとおりであって、こうした厳密な意味での刺激は、「世界におけるこの刺激の源泉に関する情報を何も含んでおらず、その源泉を特定しない」とギブソンは言う。[47] 彼はこうした刺激概念を採用した結果、ミュラーが外界を不可知のものと考えたり、ヘルムホルツがそれをたんに推論されるだけのものと考えたりしなければならなくなったことを批判している。[48] 彼は、基本的に瞬間的なものであるこうした刺激概念ではなく、構造化された配列をつくり、時々刻々変化する刺激情報だけが刺激の源泉を特定するという。また、この刺激情報の存在が、知覚を喚起するということはできないのであって、「知覚は、刺激に対する反応ではなく、情報抽出（information pickup）という行為である」[49]とされる。つまり、感覚を原因とし、それが大脳へと伝達されることによって引き起こされるという知覚の図式はまったく否定されるのである。

刺激情報は包囲エネルギーから分離され、抽出されなければならないものであるので、神経束に送り込まれ、大脳に伝達され得るようなものではない。ここで考えられている情報は、変換されたり伝達されたりするものではないし、信号やメッセージから成り立つものでもなく、それゆえ送り手や受け手を含意しない。[50]

例えば私たちの視覚過程は、私たちを包む包囲光の流動のうちから、環境内で行為する存在としての私たちにとって有益な情報を取り出す過程である。このとき私たちは一定の場所に位置しているが、それは観察点（point of observation）と呼ばれ、それを取り囲む包囲光は一定の布置や構造を持っていて、これは配列（array）と呼ばれる。[51]私たちはここから私たちにとって有益な情報を、別の言い方をすれば環境がその中で生きる私たちにアフォード（提供）する情報を、一定の不変的なもの（不変項 invariants）として直接的に抽出するのである。この視覚過程は、見回すとか歩き回るといった私たちの探索活動と不可分なのだが、こうした行動を通じた情報の抽出は、先にみたように感覚刺激の伝達といった過程を仲介せずに行われるのであり、彼はそれを「直接知覚（direct perception）」と呼ぶ。彼は、「観察者の要求と関連した世界の諸性質が直接的に経験されること[52]」を想定するのである。

（三）「網膜像」に依拠した説明の否定

したがってギブソンは、網膜像を媒介とした視覚の説明もはっきりと拒絶し、そのことにこの書の何カ所かで言及している。もっともギブソン自身の述べるところでは、彼自身が一九五〇年の論文までは網膜像を前提として考えていたというのであるから、[53]網膜像を媒介とした視覚の成立という見方が、いかに強力なものであったかがわかる。おそらく事情は今日でも同じであろう。例えば彼は次のように述べている。

誰かが屠殺した牛から摘出された眼の後ろ側をはがし、それを風景にかざして、透明な網膜の上に、その風景の小さな色付きの倒立像を観察して以来、私たちはずっと、間違った結論を引き出す誘惑にかられてきている。私たちはその像をスクリーン上の絵のように何か見ることのできるもの（*something to be seen*）と考える。あなたが牛の眼を取り出せば、その像を見ることができるのだから、どうして牛がそれを見られないはずがあろうか、と。誤りはまったく明白である。

網膜像が倒立しているのにどうして私たちは正立した世界を見ることができるのかという問いは、この誤った結論のゆえに生じている。この有名な問いについてのあらゆる実験は何の役にも立っていない。網膜像は見られるという類のものではない。G・M・ストラットンが網膜像を再逆転した有名な実験（一九八七年）は、それが誤って解釈されたために理解し難い結果をもたらした。(54)

取り出した牛の眼球の網膜に外の風景を映して観察する様子は、デカルトが『屈折光学』で記述している。(55) その網膜を覗き込んでいる人は、そこに色付きの風景を確かに眺めることができるが、牛はどうしてそれを眺めることができるだろうか。牛は眼を使って風景を見るのだから、その眼底に映った風景を見るためには、もう一つの別の目を必要とすることになる。あるいは網膜に映った像を頭の中から見つめる別の観察者が必要になる。ギブソンは、一九六六年の『知覚系としての諸感覚』（*The Senses Considered as Perceptual Systems*）において、そうした観察者を「脳の中の小人（a little man in the brain）」ないし「ホムンクルス（homunculus）」と呼んだが、この小人が再び目を使って見ているのだとすれば、私たちは無限後退に陥って結局何も説明できないことになる。[56]

ギブソンのこの議論はまったく正しいように思われる。さらに、色や形の知覚がどのように成立するかについての今日の生理学的知見に照らせば、網膜上に「像」が形成され、それを媒介として知覚が成立するという見方が完全な矛盾を含むということを、もっと明確に示すことができるようにも思われる。しかし、それでは網膜像とはいったい何であり、視力の矯正に網膜上の結像という理論が有効なのはどうしてであるのか。

おそらく事態を正しく考えることを妨げているのは、外界を知覚する知覚者の視点と、その知覚過程を叙述する実験者の視点とが、しばしば分離されないまま知覚過程が記述されることにあるものと考えられるが、私たちはこの問題を第四章で改めて取り上げることにしたい。

(四) 知覚対象の超越性と知覚の受動性の問題

ギブソンの叙述は、ロック、バークリ、ヒュームといったいわゆるイギリス観念論の論者たちや、ミュラーやヘルムホルツといった人々に時折言及しつつ彼の直接知覚という考えを打ち出すとともに、それを実験結果によって裏付けることに注力されているので、知覚対象の超越性や「心」との関係、知覚の受動性といった私たちが先に見た哲学的な問題に正面から取り組んではいないが、この点について少しだけ触れておきたい。

ギブソンは、観察者が物の見えている面だけでなく、覆われている面を含めてまるごと知覚したり、あるいはある物が別の物の前に重なって見えたりするのはどのようにして可能なのかを考察している。観察者が得る情報は、隠されている面についても有効でなければならないが、彼は隠れている面と表れている面の境界を「遮蔽縁（covering edges）」と特徴づけ、観察者の運動によって隠れた面と隠す面が交替する様を分析したりしている。[57]このことは、人に見えている一面を越えて無限の現れ方をする知覚対象の超越性を意識の志向性によって記述しようとしたり、また身体運動と知覚の相関を『イデーン第二巻』でキネステーゼ論として展開したりしたフッサールや、それを引き継ぐメルロ＝ポンティの思考を髣髴とさせて興味深いものがある。実際にギブソンもキネステーゼという言葉を用いてもいるのである。[58]この点ではギブソンも単純な現出を越えた超越的対象の認知を、しかも実験を通して探ろうとしていたとも言えよう。

それでは知覚の受動性についてはどうだろうか。先に見たようにギブソンは知覚の刺激情報が神経を経て大脳に送り込まれることを否定し、送り手も受け手もないと述べるが、この時彼は知覚が受動的プロセスであることを否定しているように見える。情報抽出という表現は、むしろ知覚過程がすぐれて能動的なものであるということを主張している。しかし、外部対象の知覚について私たちがそれを受動的と感じる要因は何も存在しないのかというと、そうとは思えず、ギブソンがこのことをどう捉えていたのかは不明である。

身体外部の対象と心との関係をどう考えるかについてもはっきりしない。例えば彼は対象の色を物質表面の性質として、ロックが外界に帰属させる「性質」のようにのみ捉えているようにみえる。[59]しかし、実際にはすぐ後にみる相関主義が正しく把握しているように、色は対象だけではなく観察者の側の要因によっても規定されるので、この点については、ギブソンは素朴な立場をとっているように見える。つまり外界の性質と心との関係をどう捉えるのかという点も、彼においては曖昧なままであるように思われるのである。

第五節　二十世紀終盤から二十一世紀にかけてのいくつかの試み

(一) アルヴァ・ノエのエナクティブアプローチ

メルロ＝ポンティの身体論やギブソンの生態学的心理学に影響を受けつつ、環境における行為者としての知覚者の性格を重視するのがアルヴァ・ノエ（Alva Noë、一九六四年〜、カリフォルニア大学バークレー校教授）らのエナクティブアプローチ（enactive approach）である。『頭の外へ』（*Out of Our Heads*, 2009）で彼は、「…あなたの目、あなたの頭、あるいはあなたの体の動きは、実際にあなたの目への感覚刺激の変化を生み出している。別の表現をすれば、事物がいかに見えるかは、複雑で精巧な仕方で、あなたが何をするかに依存している」[60]と述べ、外界と知覚者の一体性を主張する。また心とはこうした「行為」に属するものであり、したがって心が脳内に閉じ込められているという従来の考え方を否定し、心を外界へと拡張しようともする。ギブソンとノエに共通しているのは、外界からの光のエネルギーが網膜で生理的エネルギーに転換され、それを媒介として視知覚が成立するという常識に深く沁み込んだ従来の視覚図式を否定しようとしている点である。

ここでは、ノエの引用する非常に興味深い実験（感覚置換実験）とノエによるその解釈について挙げておく。ポール・バッキィリータ（Paul Bach-y-Rita）らは、20×20個に配列されたバイブレーター群にカメラを繋ぎ、このバイブレーターを盲目の被験者の背や腹部などにつけて、カメラに提示された視覚情報がそれと対応する一連の触覚的刺激を被験者の皮膚に与えるようにした。カメラを頭ないし肩に設置すると、被験者は、部屋の反対側に置かれた対象の大きさ、形、数を判断できるようになった。被験者は、この装置を使って対象を取り

図2　400 の点で再現された顔　同書

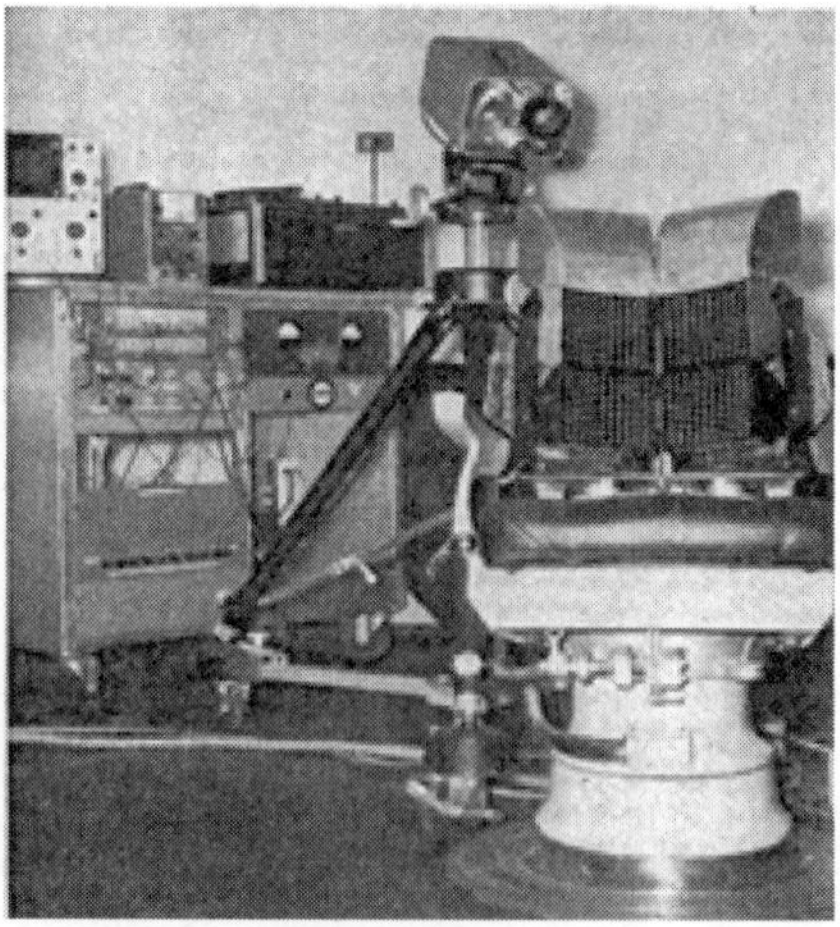

図1　実験装置　Nature, 1969 より

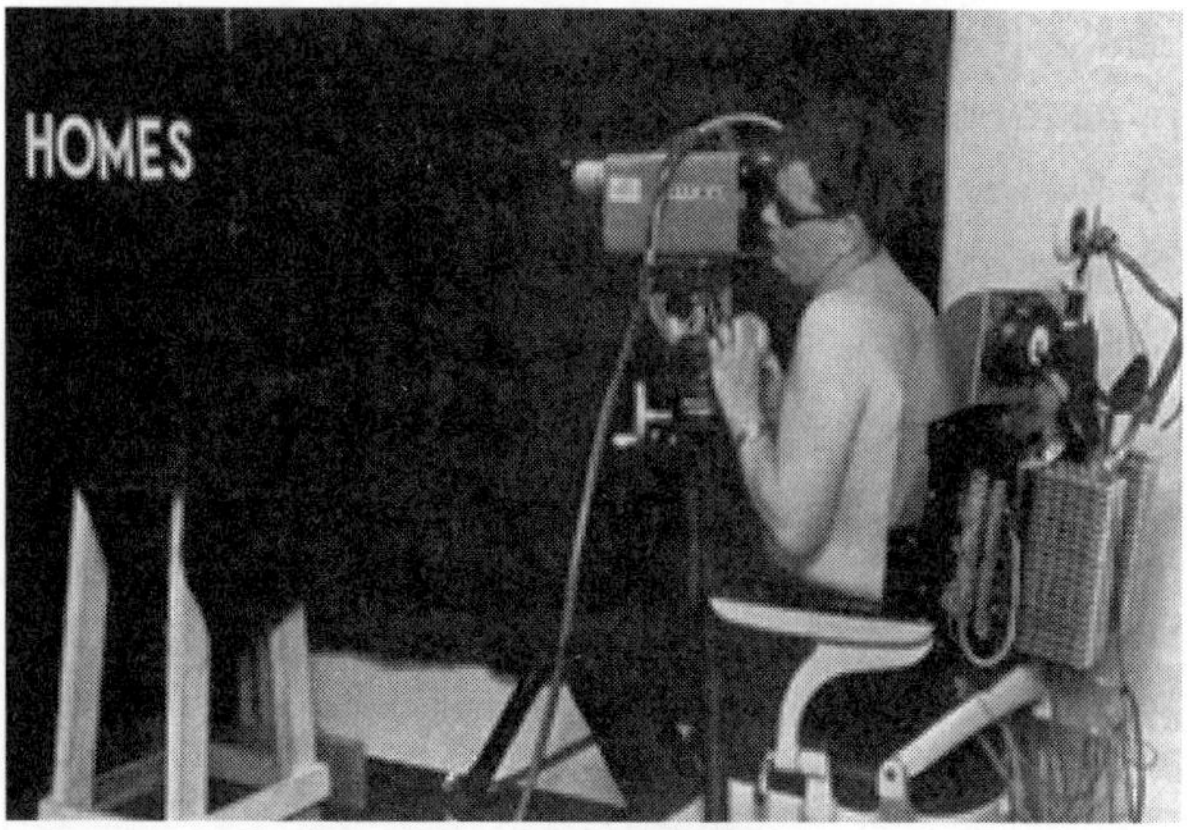

図3　初期の実験風景
Paul Bach-y-Rita, 1972 より

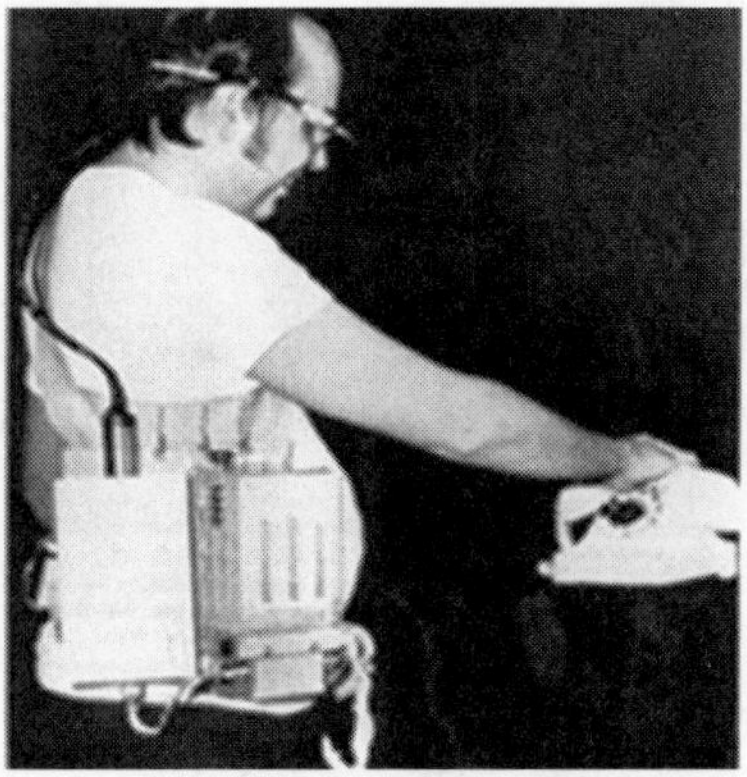

図4　軽量化したもの　同書

上げたり、ピンポンの球を打ったりすることすらできるようになったという（図1〜4参照）。

しかもこの装置を使う訓練は数週間、数日といったものではなく、数時間ないし数分のものであった。つまり、被験者は触覚的情報から視覚像を獲得していることになる。ノエはこうした事例から、この装置によって私たちが見ることができるのは、この装置が知覚者と対象とのあいだに確立し、維持する関係が、私たちが対象を見るときに事物と持っている種類の関係になっているからだ、とする。[61]要するに、見るというのは、脳内の出来事ではなく、外界との関係であって、私たちはつねに外界を探索しており、視覚を視覚的にしているのは、この外界の探索の仕方の特殊性にほかならない。カメラが頭ないし肩に置かれる場合、被験者の身体運動によるデータ（振動）のパターンは、感覚の変化を生み出す目の動き、頭の動きなどの探索的動きと対応するもので、そのパターンが、視覚を視覚たらしめている、ということになる。触覚から視覚への感覚置換が成立したのは、このパターンが同じだったからである。大事なのは、身体運動による情報の変化パターンであり、その特性によって視覚が成立したので、ここにはまったく網膜像は介在していない。[62]

（二）相関主義的副詞主義

現代における色の自然科学に広く目を配りながら、哲学的問題を考察しているものとして、M・チリムータ

『外界の色』(M. Chirimuuta, *Outside Color*, 2015)[63]がある。著者は、もともと視覚科学の研究者であり、そこから次第に哲学的考察へと進んだ人で、著作の中でも関連する自然科学的知見を引用しつつ議論しているので、以下では彼女の議論についてやや立ち入って見てみたい。

色を光の波長と捉えるのか、それとも外界の物体表面の物質的特性と考えるのか、あるいは光を受容する知覚者の側の生理的特性と考えるのか、さらにはそれらの総合と考えるのか、はたまた色などの質的性質は実在する物理的世界からは排除されるべき幻想にすぎないと考えるのか等々、色の存在論的位置づけをめぐる立場には多くのバリエーションがある。しかし、彼女はまず、それらを

A. 反実在論(antirealism)

B. 実在論(realism)

C. 相関主義(relationalism)

の三者に大別する。

Aの反実在論は、色という現象は実は幻想にすぎず、常識は誤りだとする立場である。この立場は、錯誤説(error theory)と呼ばれたり、また世界の理論的記述から色という特性を除去するので、排除主義(eliminativism)とも呼ばれたりする。[64]しかし、著者は、そもそも色を幻想とするこうした立場は、色の科学者たちが、自分たちが真の研究テーマを扱っていると考えているという事実と折り合わないという。[65]

これに対してBの実在論は、色を物理的な特性と同一視し、色の概念や知覚者の心理的状態との関連から構成されないものとみなす。しかし、D・アームストロングが採るような、色を光の波長と同一視する物理主義(physicalism)の初期のバージョン(D. Armstrong, 'Color-realism and the argument from microscopes',

Contemporary Philosophy in Australia, London, 1969）は、いわゆる色の恒常性の問題、つまり光のスペクトルの変化（例えば昼の光から夜の照明への変化）にもかかわらず人に知覚される色が比較的固定的である（バナナの黄色）という科学的事実と整合しない。[66]

この現象をうまく処理できるのが反射率実在論（reflectance realism）である。スペクトル表面反射率（spectral surface reflectance: SSR）は、光の波長の関数として記述される、表面から反射される光の割合であるが、この反射率そのものはその時の光の波長に依存するものではないので、人の色知覚の恒常性はこの反射率の検知として理解することが可能なのである。この立場を採る人たちは、色を単純に外界の事物が持つ性質と考える素朴主義（primitivism）を批判し、質的な色経験の原因となる量的な物理特性を色という名に値するものと考える。例えばF・ジャクソン（F. Jackson, *From Metaphysics to Ethics*, Oxford, 1998）がその例である。しかし、目に届く反射光のスペクトルは、物の反射率だけによって決まらず、表面の状態や見る角度によっても異なるし、また知覚者に同じように青緑色に見える二つのものが、同じ物理的性質をもつとも限らない。というのも人の三種類の色感知細胞のカバー領域は重なる部分をもつので、結果的に同じ色に見えても、入力波長が異なる場合があるからである（メタメリズム＝条件等色と呼ばれる現象）。さらに色と物理的性質の同一視は、両者の特徴が全く異なるという批判も受けている。

素朴主義は、質的な色特性を物理的特性と同一視することを拒否する立場で、J・キャンベル（J. Campbell, 'A Simple View of Color', *Reality, Representation, Projection*, Oxford, 1993）は、両者の付随性（supervenience）を説いている。しかしこれはこれで、自然科学的な見方とどう整合するかという問題等をはらんでいる。これと同じことは、私たちがすぐ次に見る大森の重ね描き論についても言えるであろう。

第三の立場は、著者自身もとっているCの相関主義であり、これは、J・コーエン（J. Cohen, 'Color Properties and Color Ascriptins: A Relationalist Manifesto', Philosophical Review 113(4), 2004）のように、色を外界のリアルな特性と認めつつも、それが知覚者への効果からは独立に定義され得ないとする立場である。[67] つまり、上記の非実在論と実在論の中間的な位置にある立場だと言える。

とはいえ、著者は、これまでの相関主義的理論の中心であった傾向性主義（dispositionalism）に対しては批判をしている。この傾向性主義は、私たちが前章でみた十七世紀の第二性質の議論と類似していて、色を知覚者のうちに感覚を引き起こすような対象の傾向性ないし力とみなすものである。こうした傾向性主義は、色を定義する際に知覚者の反応を考慮するとはいえ、実際には色を物理的な世界に位置付ける物理主義と異ならないとして著者は退ける。[68] 色の相関主義には他に、先のギブソンの心理学に影響を受けたエコロジカルな視点からのものもあるが、総じて従来の相関主義は、物理的要素と主観的要素の双方が必要だとする点ではよいが、内外の合致という従来の二元論的図式を踏襲している点で不満が残るとされる。[69]

こうした従来の相関主義の欠点を補うものとして著者が主張するのが、色の副詞主義（Color Adverbialism）である。この理論の本質は、相関主義のいう「"相互作用"とは知覚過程であり、色はそうした過程の特性である」とすることにある。副詞主義と呼ばれる立場も一通りではないが、彼女の副詞主義はD・デイビッドソンの立場（D. Davidson, 'The Individuation of Events', *Essays in Honor of Carl G. Hempel*, Dordrecht, 1970）に従っており、これは副詞についての出来事述語論である。つまり、副詞とは「出来事 events」に適用される形容語だとするものであった。著者はこの立場を色の知覚に適用し、色を事物（精神あるいは頭蓋骨外の対象）の特性とみなすのではなく、特殊な種類の「出来事」、すなわち知覚的相互作用の特性だとするのである。[70]

それによると、「色とは、次の各項が関与する知覚的相互作用の性質である。すなわち、知覚者（P）、この知覚者に与えられているスペクトル識別視覚システム（V）、そしてVによって利用されることが可能な種類のスペクトルコントラスト（spectral contrast）をもった刺激（S）である。」[71]

知覚の副詞主義は、色が知覚者‐刺激‐条件という三つ組みの関係的性質であると主張するのではなく、知覚者や対象等々のあいだで生じる相互作用に着目し、その相互作用を色という特性の保持者だとみるのである。[72]

また、このような色の副詞主義の重要な特徴は以下の三点だとされる。

（a）活動と生起――色は、持続する物ではなく生起する過程によって分析される。活動としての知覚という観念が中心となる。

（b）関係性――色が分析されることになる過程は、知覚者をその環境に関係させる。それらの過程は、従来の副詞理論におけるような視覚の内的出来事ではない。

（c）帰属――厳密に言って、色は皮膚外の対象や知覚者に帰属させることのできる性質ではない。[73]

このような立場によれば、例えば目の前の林檎の赤は、林檎という対象が持つ物理的性質として外界に位置付けられるのでもなければ、また物理的刺激を受容して知覚者の神経システムの場で成立する何らかの内的な性質とみなされるのでもなく、知覚という相互作用に位置付けられるような「単純に内的でも外的でもない赤があるだけ」[74]ということになる。

こうした副詞主義の主張に対して為されると予想される反論を、著者はあらかじめ二つ検討している。すなわち、第一に、明らかに外的対象と関与していない（幻覚などの）色体験の位置づけをどうするか。第二に、色を質的特性とみなすべきかどうか（そうみなせば、物理的性質と相いれないかもしれない）という問題である。

最初の問題に対しては、例えば幻覚による色の表象は、通常の意味での色ではなく、そこから派生したもので、それは別のプロセスによると考えることで解決できると著者はみている。[75]

二番目の問題に対しては、次のように言われる。「私の立場は、色が意識的な知覚者に関与する知覚プロセスの特性である場合には、色は純粋に量的な性質ではなく、質的な性質だと考えねばならない、というものである。しかし、強調したように、色は物理的および心理的構成要素へと分析され、あるいは色知覚は、それら二つの対応の表象だと考えられてはならない。それゆえ、含みとしては、もし色が実際に質的な性質であるとすれば、それがどのようなものか（what-it's-like-ness）という性質も、知覚者の心に限定されないということになる」[76]。このように、意識が脳内に局限されず、何らかの仕方で心と物理的世界の「あいだに」あるとする見方は、先のアルヴァ・ノエによるエナクティブアプローチによっても主張されているが、著者は、こうした見方を支える形而上学的明確化が必要だと考えており、「色の副詞主義は、「頭の外の」質的な性質という考えを理解する一つの仕方であり、また、プロセス存在論への移行は、意識が我々（存在者）の中の何かではなく、我々が為す（活動）何かだという考えを明確にしてくれる」[77]と述べて、副詞主義の利点を強調している。このような相関主義的副詞主義とでも呼ぶべき立場は興味深いものであるが、すぐに見るような問題点も残している。

（三）大森荘蔵の重ね描き論

最後に日本の大森荘蔵（一九二一年～一九九七年）について触れておきたい。というのも、私たちが科学的知覚図式と呼ぶものの難点は、大森によって明瞭に言語化された上で、その克服の提案として「重ね描《えが》き論」と呼ばれるものが提出されているからである。『流れとよどみ』所収「心身問題、その一答案」（一九七九年初出）に端を発し、『新視覚新論』（一九八二年）を経て『知の構築とその呪縛』（一九八五年『知識と学問の構造』として刊行、一九九四年文庫化の際に改題）に至る一連の議論において、大森は、実際の科学者の営みが、必ずしもデカルト以来の近代的物質論や「知覚因果説」と呼ばれる知覚図式を前提として為されているわけではないこと、またそこでも採用されている自然で質的な物質観と、知覚の成立の説明で用いられる知覚因果説との整合を図ることが問題の核心だと指摘しており、これはまことに正鵠を射たものだと思われる。大森自身の解決法は、（大森はそうした用語法をしないが）いわば主観的で質的な世界記述と、客観的で量的な世界記述とを単純に「重ね描く」ことだ、という。問題の所在を明確に言語化する大森の手腕は大いに評価されるべきだと考えるが、しかし次節で改めて振り返るように、これまで見てきた所論と同様、彼の解決法にも不満は残る。[78]

①「重ね描き」とは何か

ここでは、『知の構築とその呪縛』によって「重ね描き論」の基本的発想を確認しておきたい。大森は、デカルトらによる近代的な物質観と知覚論、およびバークリやヒュームらによるその問題点の指摘を概観した後に、それが現代においても問題であり続けていることを述べた上で、次のように言う。

われわれは次のように考えていないだろうか。何か、例えば机が見えているとき、机という外的事物――それは色も香りもない原子や電子の集合である――からの光が眼に入り、網膜からのパルスが大脳に達して、そこで茶色の机の姿が見える、と。だがまさにこの現代の常識が批判されているのである。すなわち、その眼に見える色着きの机の知覚から、金輪際見ることのできない原子集団の机の存在、またその形や大きさ、それを一体どうやって推定したのか、と。ここで誰も「それはデカルトの言ったように精神の洞察によって」とは答えまい。だとすれば、われわれはカントが「絶対に不可能」といった認識を苦もなくやれるはどうしてなのか。

答えは簡単なのである。自分でやっていることを少し反省してみるだけでいい。そうすれば私は何も「推定」などということをやっていないことはすぐわかる。私はただ見えている机そのものが原子集団としての机であるとしているだけなのである。だからその原子集団の形と大きさは見えるがままの形と大きさだとしているのである。つまり、知覚的な机の姿から原子集団としての机の形や大きさを「推定」しているのではなく、前者によって後者を「定義」しているのである。机の原子集団はどこにあるか？見えている机の姿の内部一杯にある。だからその原子集団の形と大きさは見えている机の姿そのままなのである。そしてそう考えるのは何も私の「推定」によってではなく、そういうものとして「原子集団の机」を考えているのである。

だから「定義」というよりも「重ね描《えが》き」と呼びたい。知覚的に見えている机の姿そのままの場所に机の原子集団を「重ねて描く」からである。[79]

この記述から明確にわかるように、「重ね描き」とは、外界に関する科学的描像の知識を持つ者が、普段行っていることを描写したものである。ここでは「原子集団としての机」（これは「密画」とも呼ばれる）と「知覚された机」（略画）が、双方とも私の目の前の位置にあるものとして、同じ形をもったものとして、重ねて描かれる。確かに人はそのような重ね描きをやっているだろう。しかし、人が普段行っていることをそのまま描写すれば、それで困難が解決するわけではないであろう。「原子集団としての机」という規定には、大森自身が書いているようにその不可知性が帰属している。またそこを原因とする知覚過程の科学的説明は、結果として生じるはずの知覚像の場所と、現に主観的に知覚されている場所の相違という困難も引き起こす。「原子集団としての机」という概念をそのまま残せば、こうした二種の困難もそのまま残ってしまう。人は普段、そのことを意識せずに、両者を「重ね描い」ているが、人が普段そうしているという指摘をしたところで、前者の規定が含む理論的困難は何も取り除かれてはいない。もちろん、大森も、何カ所もで、いわゆる「知覚の因果説」の批判をしている。そして、これは、私たちが本書で科学的知覚図式と呼んでいるものの批判に他ならない。

②大森による「知覚因果説」批判——透視風景としての視覚

大森は、私たちの視覚風景の根本的性格を透視風景と呼んでいる。例えば向こうに山が見えるとき、それは途中の空気を透かして見えている。眼から不透明体（ここでは山）に向かう視線上のものすべてを透かしてその不透明体の表面が見えている。途中に岩のような不透明体があれば、それ以遠は遮蔽される。「この透視と遮蔽、それが私のいいたい視覚風景の根本性格なのである」[80]というギブソンを思わせる主張は、視覚風景を眺めているその人の視線からその体験を描写したものである。そしてこの構造において大事なことは、一つの透視線上には前景、中景、後景という遠近の違いがあり、前景に何か変化が起きると、それ以遠の風景にも変化が生じることだとされる。私たちはこちら側から大脳、視神経、網膜、瞼等を見透かして、外部の不透明な対象を見ている。そしてこの透視構造こそ、知覚因果説の難点を解く鍵だと言われる。[81] 大森の主張の肝要な部分を引用しておきたい。

正常な風景が見えているときは、物から光波が眼に入り、神経や脳は正常で（視線上で）透明である。このとき光波がどのような動きをしているのかを調べるのが物理学であり、脳や神経が分子レベルでどうなっているかを調べるのが生理学なのである。つまり、例えば向こうに富士山が見えているという状況を、私は富士山から私の脳に至るまで物理学的、生理学的に描くのである。この同じ状況を日常語で描けば、私はここに立って東の方に眼を開いており遠くに富士山が見える、ということになる。だからこの日常的描写と科学的描写は共に、一にして「同じ状況」の二通りの描写なのである。換言すれば日常描写に科学的描写が「重ね描き」されるのである。だから、原子集団としての「物」と、色あり匂いある「知覚像」とは実は一にして「同じもの」であったように、日常的に描写される風景と、科学的に描写される光波や脳細胞などは実は一にして「同じもの」なのである。この「同じもの」が一方では日常的に描写され、それに「重ねて」（時間的、空間的に重ねて）科学的描写がなされるのである。

それゆえ、知覚因果説のように、科学的に描写された光波や脳神経興奮が原因となって、日常的に色あり匂いある「知覚像」としての風景が生じると考えるのは誤りである。あるいはうんと控え目にいって、そう考える必要は毛頭ない。そう考えて、知覚像の産出とか投影とかという不可解さに陥る必要は毛頭ない。科学的に描写される物と、日常的に描写される風景とは、原因と結果といったよそよそしい関係にあるのではない。それらはまさに一心同体の「同じもの」の「重ね描き」なのであり、したがって「すなわち」という、最高に緊密な関係にあるのである。私が富士山を見ながら立っている、それはすなわち、光波が私の目に達し、私の脳細胞が興奮しているそのことにほかならないのである。(82)

ここで大森は、富士山を見るという視覚体験の科学的描写、すなわち富士山から反射される光波とその眼球での受容や脳細胞の変化を原因として知覚像が生じるという因果的に描写される風景と、私が目を開いていて東の方に富士山が見えるという日常的に描写される風景とは同じものが、時間的・空間的に重ね描かれたものだと言っている。

しかし、二つの説明の根本的な相違と矛盾については、処理されているようには思われない。科学的説明は、色の原因としての外界の物理学的状態から、光波や眼球での受容を通した結果として成立する色付きの知覚像へと因果関係の矢印が向かっている。したがって、ここにはほんの僅かではあっても原因と結果のあいだに時間差があると想定されるはずである。つまり原因となる物理的状態は時間的に先立っており、知覚像の発生は時間的に後である。

一方の視覚体験の日常的描写、つまり先の視覚の透視風景の描写においては、因果関係は逆転している。視神経に異常があれば、全視野に変化が生じる。瞼を閉じれば、視界が消失する。因果の矢印は、前景から後景へと向かっていて、前景の変化が時間的に先立っており、後景の変化が時間的に後である。

視覚の科学的説明が外界に色を取り戻そうとするなら、投射などの手段に訴えざるを得ず、困難が生じる。しかし、一方の日常的描写の方は、そのままでは科学的描写をまったく説明できない。日常的描写においては外界の対象から体験者に向かう因果の矢印は、一見して存在しないからである。

大森は、この二つの描写をそのまま重ね描きすればよいと考えているようだが、それが可能なのは、視覚体験内部の時間的プロセスを無視して、成立した体験全体として見た場合だけであろう。原因から結果への矢印がまったく正反対の描写を、どのようにして重ね描きできるのだろうか。知覚を一つの時間的プロセスと考えた場合に、知覚像が結果として生じるという科学的説明は説得力をもっており、この矢印の方向性の齟齬をそのままにして、成立している視覚体験に科学的説明を重ね合わせても、問題はほとんど何も説明されていないように思われる。ただ、大森は、『新視覚新論』において、知覚プロセスと時間関係について論じているので、その点を確認しておかねばならない。

③「過去透視」という考えの知覚因果説批判における有効性

大森は、『新視覚新論』六章「過去透視と脳透視」において（そして管見に触れた限りではここのみで）、「知覚像」の問題と時間の問題と時間の関係について述べている。というのも、「事物からの光がわれわれの眼に達するのに有限の時間を要する、ということ」が、「われわれの視覚風景の全域にわたり、われわれに「像」解釈を強いるように思われる事象[83]」だからである。大森は、天体の爆発の事例を挙げている。

例えば、一光年のかなたで爆発が丁度今から一年前に起きたとしよう。そして私は昨夜その閃光を見た。だが当の爆発は一年前の過去のことであり、昨夜見えた閃光の場所には今はおそらく何もないだろう。だとすれば昨夜の閃光はその爆発の一年遅れの「像」であると考える以外にはないではないか。それはいってみれば「時間的虚像」なのである、と。そしてもしそうならば、遥かな天空の事件にかぎらず、私に今見えている視覚風景のすべてが同じく時間遅れの光学的虚像であるといわねばならないだろう。その遅れは身辺の事件の場合はナノ秒（10億分の1秒）単位のものであるにせよである。すると私の視覚風景はそのすべてが「像」だといわねばならない。(84)

大森は、このように私が今見ている風景は、過去に生じた出来事の「像」であり「虚像」である、という見方を取り上げて、これを否定する。一光年向こうで一年前に生じた出来事が「実物」であり、私が一年後に見た閃光はその「時間的虚像」であるという見方を否定し、過去がそのまま見えているのだ、とするのが大森のいわゆる「過去透視」の考え方である。

昨夜見えた閃光は一年遅れの「像」ではなく、一年前の爆発そのものである、と解釈しうるというのである。われわれには過去が文字通り直接に見えているのだ、と。われわれの視覚風景の空間的奥行きは、同時に時間的奥行きでもある、と。(85)

これが「実物」解釈なのである。しかし、この解釈はわれわれの常識を根底からゆるがす解釈である。

それは、観測者は過去の爆発を今現在見る、という解釈だからである。だが一方常識は空に輝く太陽を「像」ではなく「実物」だとみているのである。（「像」解釈では「実物」太陽は丁度太陽の直径ほど西方にあるはずなのに）。[86]

この過去の出来事（一年前の爆発）を直接見る「過去透視」という考えが、知覚因果説すなわち私たちが科学的知覚図式と呼んでいるものの批判として有効であるかどうか、検討しなければならない。そして結論から言うと、そのようには思われないのである。

もう少し身近な、大森も用いる太陽の例で考えてみよう。ちょうど今地平線上に見えてきた日の出は、太陽の約8分前の姿である（以下、8分として書く）。実際の太陽が地平線から出たのは8分前なのだ。だから、私が今見ている太陽の姿は、8分前の過去の太陽の姿である。大森の考えでは、これは「虚像」といったものではなく、それこそが実物であり、私たちが見るのは現在のものだけではなく、過去のものをも直接見るのだ、ということになる。この過去透視説は、はたして知覚因果説の反駁になっているのだろうか。

A.「実物」および「像」という概念の多義性とずれ

まず、大森がここで批判の対象としている立場、すなわち地平線上に見えてきた太陽を虚像とする立場を採っているのは、どのような人だろうか。というのも、先の引用文で大森も触れているように、常識的立場に立つ人は、目の前の日の出を「実物」の太陽として見ているからである。それでは、科学者（ここでは、光の伝播速度および視覚の生理学について基礎的な知識を持つ人をこのように呼んでおく）が、この日の出の太陽を「虚像」だとみているのであろうか。あるいは、知覚因果説ないし科学的知覚図式つまり〈外界の物理的性質のみをもつ原因によって、知覚者の中に知覚像が生じる〉という図式は、その知覚像を「虚像」だとみているのであろうか。そうとは思えない。なぜなら、科学的知覚図式によれば外界の物理的対象はそもそも知覚像以前の存在なのだから、それが知覚されたものとしては今現在の知覚像以外にはなく、それが本物でないとすれば、他に本物の実像はありえないからである。つまり、大森の批判している立場を採っている人がどのような人であるのか判然とせず、あるいは存在していない可能性もあるように思われる。

大森は、この第六章に先立つ第五章で鏡像の分析をしているが、鏡像すなわち何かが鏡に映った姿の場合においては、実物（鏡の前で服を試着している人物）も私に知覚像として与えられ、それが鏡に映った鏡像（鏡に映った人物）も私に知覚像として与えられているから、一方を「実物」他方を「虚像」とする立場も可能であり、大森はそうした立場を批判し、鏡像もまた実物だとしてきたのであった。

もともと、「実物」と「像」の関係は多義的で、いくつかの異なる関係を含んでいるように思われる。例えば生前に自分の銅像を建てられた人の場合も、「実物」と「像」の関係を語り得るが、この関係も鏡像の場合とはまた少し違うであろう。この場合「像」である銅像は、「実物」のその人とは別の個物であって、時空を異にする。しかし、鏡に私が映っている場合、それは私の姿であり、そこにいるのは本物の私である。確かに私はこちら側にいて、映った姿は向こう側にある。しかし、私の周りにあるものもまた映っており、それらの位置関係から考えれば、左右は逆転しているが、周囲環境における私の位置は、こちら側と向こう側で異なっているわけではない。私は、この自分の鏡像を先の銅像のように、自分とは別の現実存在をもつ「個体」とは考えていない。ここで「像」が意味するものは、個体ではなく「姿」といったものであろう。この鏡像における像概念では、像によって示されているもの（私の姿）は「実物」（私自身）でありうるが、銅像の場合では、銅像（私の像）は、生きている現実の人（私自身）ではあり得ない。

けれども、銅像の場合も鏡像の場合も、像の元になっているものが、像と同様に知覚されているという点では共通している。しかし、「知覚像」の場合にはすでに事情が異なっている。太陽の例では、物理的太陽はそもそも知覚像の原因であって知覚外のものと考えられているのだから、鏡像や銅像と同じ意味では「像」ですらあり得ず、鏡像論で言われていた「実物」および「像」という概念は、知覚プロセスの場合にはそのまま使用できないはずであるが、大森はその点に留意しておらず、「実物」および「像」の概念にずれが生じてしまっているように思われる。

だから、「私たちは8分前の太陽の実物を見ているのだ」と言われても、先の知覚因果説ないし科学的知覚図式の主張者は別に驚かないだろう。私たちが見る太陽とは別に「本物」の太陽があるならばそうなるが、物理的太陽は、知覚外のものなのだから、「像」の「実物」には成り得ないのである。

このことは、音の知覚の事例で考えるとより明確になる。約三四〇メートル向こうの音源から伝わった音が今私に聞こえたとしよう。大森の過去透視説の主張を聴覚に当てはめるなら、「今聞こえている音は、一秒前の本物の音である。」「過去に実在した音の虚像なのではない。」ということである。その通りであろう。そしてそのことは、科学的知覚図式を採る者も認めるであろう。なぜなら彼らも、今聞いている音が「過去に実在した音の虚像」だとは考えていないからである。したがって、大森のように、それが像でなく実物だと言っても、科学的知覚図式の主張者たちにとっては、痛手とはなるまい。

B.「過去」の意味するもの

しかし、むしろ問題なのは、大森が「8分半前の過去の太陽」を見ている、としている点である。それが8分半前だとするのは物理的見方であり、日常的な態度からする主観的見方ではない。主観的にはそれは今現在の太陽だからである。8分半前と記述する時点で大森は、知覚の因果的プロセスを説明の中に導入している。8分半前の過去とは何かと言えば、私が今日の出の光を見た時点から8分半前のことであり、なぜ8分半前かと言うと、光速で光が眼に届くまでにそれだけかかるからである。ここでは光の出発から目に光が届いて日の出の知覚が成立するまでの物理的な因果プロセスが前提されている。このように記述するのであれば、太陽の知覚が「結果」として生じていることは変わらないのではないだろうか。それは大森が言うように「虚像」ではなく「実物」の太陽だとしても、そのことは同じではないのだろうか。そして太陽の知覚が結果として生じているのだとすれば、当然、原因（太陽から光が出発する）があるはずであり、原因と結果の時間差によって原因と知覚風景は分断されてしまう。一方で、人の主観的な見方に留まる限り、そうした分断は生じない。見えているのは今見えているものに過ぎず、全体が現在である。それは知覚野のどこまでいっても今現在である。それが「過去」のものだと言うとき、大森はそこに物理的描写を混入させている。

このように見れば、「過去透視」という考え方が、知覚の物理・生理学的な因果プロセスによる説明（8分半前の過去の太陽）と、主観的な記述（今現在見ている）とをまさに「重ね描き」しているものだということがわかる。しかし、これでは知覚の因果図式をめぐる困難は放置されているだけで、何も解決されていないように思われる。因果図式を取り入れるなら、太陽の知覚は私の脳内で成立するはずであり、それを宇宙のかなたに投射せねばならない。私が今実物の太陽を地平線上に見ていると言ってその主観的体験を重ね描いても、その体験が何故成立し得るのかという理論的困難が取り除かれるとは思えないのである。

第六節　未検討の根拠──知覚過程における時間差と知覚の受動性

（一）科学的知覚図式の根拠としての知覚過程における時間差

大森の「過去透視」という考えは、右に述べたような理由から、科学的知覚図式に対する批判としては有効性をもたないように思われるが、そこで扱われている知覚過程における時間差という問題は、非常に重要なものであると考えられる。というのも、私たちの身体の外部に生起した事態があり、この事態の生起が、私たちのその知覚よりも時間的に先立っているとすれば、この事態の生起は私たちの知覚の原因であり、それが伝播されて私たちの身体に到達し、結果として知覚が生じたのであって、この結果としての知覚を私たちの身体の場所に位置付けることは理にかなったことのように思われるからである。私たちの知覚の発生よりも原因としての事態の生起が時間的に先立っているなら、この事態は知覚の外部にあって、知覚からは疎遠な何かであると想定されることにも不自然はない。大森が知覚因果説と呼び、私たちが本書で科学的知覚図式と呼んできたものの根幹には、この外界の事態を原因と見、知覚を結果と見る構図、知覚の原因と結果の時間差という事態が確かにあると考えられるのである。

本書第二章では、近代において科学的知覚図式が主張される根拠を洗い直したが、そこではこの時間差の存在が、そうした図式を主張する根拠として明確な形で打ち出されることはなかった。それはおそらく、視覚においてはこの知覚原因と結果としての知覚の間の時間差が非常に僅かであることによるであろう。また聴覚体験が外界の物体の振動によるという考えがかなりはやくから存在したのも、音の知覚についてはこの時間差が知られやすかったからとも考えられる。第二章で見てきた科学的知覚図式の諸根拠は、いずれも十分なものとは言えなかったが、この時間差の問題は、彼らが科学的知覚図式を主張する際に、潜在的に依拠していた根拠である可能性がある。

また、本章で見てきた知覚の受動性の問題も、この時間差の問題と軌を一にしていると思われる。私が道を歩いている時に見える風景の移り変わりは、私の意思に左右されるものではなく、私がそのように見ざるを得ないものである。この知覚の受動性は、私の知覚の外部に、つまり私を超越したところにその原因があること、その原因の存在が私の知覚に先立って存在していることを強く思わせる。したがってこの知覚の受動性は、ある種の実在論へと人を導く要因の一つになっているものと思われる。この受動性を科学的知覚図式によって説明することは簡単だが、この図式には重大な難点があったわけである。したがって、この受動性が科学的知覚図式とは別の仕方で説明できればよいわけであり、私たちが本章で検討してきた各種の質的知覚論には、その試みに該当すると思われるものもあった。しかし、それらのいずれも十分なものとは思われなかったのである。

まず本章冒頭でみたバークリは、知覚の受動性ということを「神による観念の送り出し」によって説明するが、これは現代人にとっては「機械仕掛けの神（Deus ex machina）」の感を否めないであろう。ついで検討したフッサールは、触発論を展開するものの、そこで想定されている触発は特殊なもので、私たちに感覚が与えられる際の受動性とは異なっており、問題が残されているままと思われた。ベルクソンはイマージュの総体という概念で受動性を説明するが、このイマージュの総体という概念自体に疑問が残った。ギブソンでは知覚は情報抽出という能動的作業になるが、その一方で人が感じる受動性の説明はなされないままのようにみえ、それはエナクティブアプローチについても言えよう。

さらに、相関主義的副詞主義が言うように、色が知覚プロセス全体に帰属する副詞的なものだという見解が成立するためには、知覚プロセスの全体性・統一性が確保される必要がある。というのも、知覚プロセスがその各部分に分割されて理解されるなら、それら各部分が時系列に並べられ、例えば知覚プロセスの最初の部分Aが原因とみなされ、中間の部分Bは媒体とみなされ、最終部分Cは結果とみなされることが可能になる。そのように色が最終部分Cで結果として発生するという因果的連鎖が想定されると、色は結局このCに位置づけられることになってしまう。

例えば、今、部屋の中に茶色の机があって見えているとしよう。しかし、照明を消すと見えなくなる。これは、以前は存在していた机および環境からの一定波長の光の反射と、その目までの伝播が無くなったからであり、つまり、知覚プロセス初期のAおよび中間のBの区間にCにおける色知覚の原因となっていた一定波長の光が存在しなくなったからだと説明される。このように理解すれば、先のプロセスは因果系列に分断されるので、副詞主義が主張するようにプロセス全体に色を帰属させることは難しくなるのである。

このような知覚プロセスの分断の有様は、音知覚の場合にはさらに明瞭に理解されるだろう。雷の体験では、ピカッと稲光がしてからゴロゴロと雷鳴が聞こえるまで数秒かかる。光がほぼ同時に物理的変化（空中の放電）の発生を伝えているとすれば、この物理的変化の発生と、雷鳴を聞く聴覚体験の発生の間には時間差がある。聴覚体験の外に物理的原因と空気の振動による伝播を想定し、結果としての聴覚体験の発生を考えるならこの時間差は簡単に説明できる。この時間的分断は、音知覚が知覚者の場所で成立していることを有力に証言することになる。こうした説明を採用しないとすれば、相関主義的副詞主義は、この分断可能な因果的連続ということを説明しなければならないはずだが、先のチリムータの著作ではこの問題はまったく触れられていないのである。

（二）求められる質的知覚論

しかし、本章で見てきたような知覚論はいずれも、私たちが普段そう信じているように外界に色などの質的な感覚的性質を帰属させようとしており、この方向性は評価すべきものである。もっとも、外界に質的な感覚的性質を帰属させるという点では、第二章でみた古代から中世に受け継がれた知覚論もそうであったが、エイドーラの流出や物体のもつ形相のみの受け入れといった知覚過程に関する古代・中世の説明を、今現在復活させるわけにもいかない。それゆえ問題は、本書冒頭で確認したような、外界から質的性質を剥奪する不自然な自然観の含む矛盾を回避して外界に質的性質を回復しつつ、しかも近代自然科学が解明してきたような知覚プロセスの因果的連関をも説明できるような知覚図式、主観的な質的体験と、自然科学的な因果プロセスの解明が双方ともに存立可能な知覚図式が求められていると言える。因果的プロセスが認められることによって、知覚に際しての私たちの受動性が説明され、また原因となる知覚対象の超越性も理解しやすくなるはずだからである。これはいわゆる近代的二元論の克服とも関係する大きな問題であるが、以下では、問題の根幹を形作っていると考えられる知覚過程における時間差の問題を軸として、そのような求められる知覚図式の見取り図を素描することを試みたい。

注

（1）色や音などの感覚的性質が感覚する者の心の中に位置付けられるのは、それらが感覚する者に依存する形でしか知覚されないからであるが、バークリはこれと同じ議論が、延長や形といったいわゆる第一性質にも当てはまるとして、科学的知覚図式が主張するような物体固有の性質と感覚的性質の区別を否定する。このように二種類の性質の区別が不当であるという議論は、ピエール・ベールの『歴史批評事典』（*Dictionaire histrique et critique*, 1682）に見られ、バークリがそれを参照していたことが指摘されている。またベール自身は、「ピュロン」の項目への注記で、この批判がディジョンの神父シモン・フーシェ（Simon Foucher）によるマールブランシュ批判のうちにあることを示唆している。Cf. R. H. Popkin, 'Berkeley and Pyrrhonism,' The Review of Metaphysics, vol. V, no. 2, 1951, 223-246.

（２）本書第二章、第三節（二）参照。

（３）George Berkeley, *A Treatise concerning the Principles of Human Knowledge*, in A. A. Luce and T. E. Jessop (eds.), *The Works of George Berkley Bishop of Cloyne*, vol. II, London, 1949, p. 45.（以下、この全集を *The Works* と略記する。）

（４）*Ibid.*, pp. 46-47.

（５）*Ibid.*, p. 48.

（６）*Ibid.*, p. 49.

（７）*Ibid.*, p. 79.

（８）George Berkeley, *Three Dialogues between Hylas and Philonous*, in *The Works*, p. 209.

（９）Berkeley, *A Treatise concerning the Principles of Human Knowledge*, in *The Works*, p. 55.

（10）*Ibid.*, p. 43.

（11）*Ibid.*, p. 80.

（12）Berkeley, *Three Dialogues between Hylas and Philonous*, in *The Works*, p. 215.

（13）Berkeley, *A Treatise concerning the Principles of Human Knowledge*, in *The Works*, p. 43.

（14）*Ibid.*, p. 52.

（15）*Ibid.*, p. 41.

（16）*Ibid.*, p. 106.

（17）*Ibid.*, p. 106.

（18）Berkeley, *Three Dialogues between Hylas and Philonous*, in *The Works*, p. 249.

（19）*Ibid.*, p. 250.

（20）Husserliana, Bd. III 1, *Ideen zu einer reinen Phänomenologie und phänomenologischen Philosophie*, Erstes Buch, 1976, S. 89.

（21）*Ibid.*, S. 110 f.

(22) Husserliana, Bd.I, *Cartesianische Meditationen und Pariser Vorträge*, 1973.

(23) Immanuel Kant, *Kritik der reine Vernunft*, hrg. Von Raymund Schmidt, Felix Meiner Verlag, 1956, S. 63. 訳文は、石川文康訳『純粋理性批判〔上〕』筑摩書房、二〇一四年を用いたが、適宜原語を補った。傍点部分の強調はカント自身のもので、原文ではゲシュペルト（隔字体）になっている。

(24) フィヒテ「知識学への第一序論」、特に五および五の原注参照、『フィヒテ全集　第7巻　イェーナ時代後期の知識学』哲書房、一九九九年、所収。

(25) *Husserliana*, Bd.XI, *Analysen zur passiven Synthesis*, 1966, S. 148 ff.

(26) Henri Bergson, *Matière et mémoire*, Paris, P.U.F., 1939, pp. 3-4.

(27) *Ibid.*, p.1. ここで「表象」と訳してある語は représentation である。日本語で「観念」および「表象」と訳されているヨーロッパ諸語と、それらが指示しているものについて整理しようとすると、短くはない叙述が必要となるので、ここでは割愛せざるを得ない。例えば赤い林檎を見ているときに私たちがもつ林檎の知覚イメージがあり、そして後でそれを思い起こす記憶イメージがあるが、これらを総括してイメージと呼ぶとすれば、ここでベルクソンが「表象」という言葉で名指しているのは、私たちがイメージと呼んでいるもの全体とほぼ合致すると理解しておけばよいだろう。これは広義の「表象」であるが、狭義では、知覚されたイメージが精神において保存されたもの（例えば赤い林檎の記憶イメージ）や、さらにそれらをもとに新しく作られたイメージ（例えば虹色の林檎のイメージ）のみを指す。広義での「表象」の方はしたがって、十七世紀に「観念」と呼ばれたものと同じ外延を持つと理解しておけば、本論の叙述を理解するためには十分であろう。

(28) *Ibid.*, p.1.

(29) *Ibid.*, p.1.

(30) *Ibid.*, pp.1-2.

(31) *Ibid.*, p.13.

(32) *Ibid.*, p.21.

(33) *Ibid.*, p.32.

(34) *Ibid.*, p.32.

(35) *Ibid.*, p.26.

(36) *Ibid.*, p.29.

(37) *Ibid.*, p.16.

(38) *Ibid.*, p.33.
(39) *Ibid.*, p.34.
(40) しかし、ここで「加法的」というのは、もちろん事態をイメージするための比喩に過ぎず、一面の真理しかとらえていない。フッサールにおいては、志向的対象は、実的な要素を加算することによっては到達できず、あくまでも超越として知覚構造に内在するからである。
(41) Bergson, *op. cit.*, p.31.
(42) J.J. Gibson, *Ecological Approach to Visual Perception*, Houghton Mifflin Company, 1979.（邦訳：古崎敬ほか訳『生態学的視覚論』サイエンス社、一九八五年）。
(43) *Ibid.*, p.148.
(44) *Ibid.*, chp.1, chp.2.
(45) *Ibid.*, p.33.
(46) *Ibid.*, p.31.
(47) *Ibid.*, p.56.
(48) *Ibid.*, p.246.
(49) *Ibid.*, pp.56-57.
(50) *Ibid.*, p.57.
(51) *Ibid.*, chp.5. ギブソンはここで環境内の各地点を幾何学的な点ではなく、観察者がそこで環境を観察できる可能な地点の連続とみなしているが、この考えは、私たちが次章の考察でそのまま生かすものである。
(52) *Ibid.*, p.246.
(53) *Ibid.*, p.149.
(54) *Ibid.*, p.62. ストラットンの実験はプリズムを使用した眼鏡によって網膜像を逆転させる、いわゆる「逆さ眼鏡」の実験である。
(55) *Œvres de Descartes*, publiées par C. Adam & P. Tannery, Paris, 1996, VI, La Dioptrique, Discours V.
(56) J.J. Gibson, *The Senses Considered as Perceptual Systems*, Boston: Houghton Mifflin, 1966, p.226.
(57) J.J. Gibson, *Ecological Approach to Visual Perception*, Houghton Mifflin Company, 1979, p.76 ff.
(58) *Ibid.*, p.182.
(59) *Ibid.*, p.31.

（60）Alva Noë, *Out of Our Heads*, Hill and Wang, 2009, p. 60.
（61）*Ibid.*, p. 59.
（62）最初の発見は Paul Bach-y-Rita et al., 'Vision Substitution by Tactile Image', in *Nature*, Vol. 221, 1969, pp. 963-964. で簡潔に発表され、その後彼の著作、*Brain Mechanisms in Sensory Substitution* (New York, 1972) で詳述された。また、'Tactile-Vision Substitution : Past and Future' in *International Journal of Neuroscience* 19, nos. 1-4 (1983) でも記述されている。
（63）M. Chirimuuta, *Outside Color : Perceptual Science and the Puzzle of Color in Philosophy*, The MIT Press, 2015.
（64）*Ibid.*, p. 44.
（65）*Ibid.*, p. 138.
（66）*Ibid.*, p. 45.
（67）*Ibid.*, pp. 47-48.
（68）*Ibid.*, p. 68.
（69）*Ibid.*, p. 133.
（70）*Ibid.*, pp. 139-140.
（71）*Ibid.*, p. 140.
（72）*Ibid.*, p. 143.
（73）*Ibid.*, p. 145.
（74）*Ibid.*, p. 155.
（75）*Ibid.*, p. 155.
（76）*Ibid.*, p. 157.
（77）*Ibid.*, p. 158.
（78）大森の「重ね描き」論については、野矢茂樹「「重ね描き」の行方」（野家啓一編『哲学の迷路－大森哲学・批判と応答－』一九八四年、産業図書、所収）による批判および大森自身による応答があり、また野矢自身には、『心という難問－空間・身体・意味』二〇一六年、講談社、があるが、以下の議論とは批判の趣旨が異なっている。
（79）大森荘蔵『知の構築とその呪縛』一九九四年、筑摩書房、一七三頁～一七四頁。
（80）同書、二二七頁。
（81）同書、二三〇頁。

(82) 同書、二三三頁〜二三四頁。
(83) 大森荘蔵『新視覚新論』東京大学出版会、一九八二年、一一二頁。
(84) 同書、一一二頁〜一一三頁。
(85) 同書、一一三頁。
(86) 同書、一二三頁。

第四章　質的知覚論の再構築

第一節　知覚過程に関する五種類の描写様式

(一) 知覚過程に関する異質な描写の混在

知覚論が錯綜していることの根本には、それが知覚に関する何種類かの異なった描写様式を含み、しかも議論に際してそれらが明確に区別されていないという事態があるように思われる。

そもそも、何気なく生活しているときの私たちは、自分が外界を「知覚している」などとも意識していない。目の前には、赤い林檎があり、緑の木々があり、青い空があるだけである。私の周りにはそうしたものが存在しているが、私がそれらを「知覚している」こと、すなわち私が何らかの作用を行って、そうした対象を把握しているということは自覚されない場合が多い。赤い林檎や緑の木々は、ただ私の周りに存在しているだけである。私の側の働きが自覚されるのは、むしろその働きが阻害されたときに他ならない。例えば視力が落ちていつも見ていた風景がかすんで見える、聴力が落ちてすぐそばで話している人の声が聞き取りにくくなる。そうした事態を通して、私たちは自分の側の見る、聴くという働きによって外界を捉えているのだということを自覚することになる。

そして、視覚の場合、そうした阻害のもっともありふれたものは、私が瞼を閉じることによって周囲の世界が見えなくなることである。瞼を閉じれば視界が消える。逆に瞼を開ければ視界が現れる。この単純な事態は、私が閉じていた瞼を開けて注意を外界に向けることによってはじめて周りの世界が見えるということ、すなわち私の側の働きによって外界の様子が知られるということを自覚させる。知覚という私の働きによって外界のあり様が私に知られるのだということは、このような仕方で初めて自覚されるものと思われる。もっとも、私たちが四六時中行っている瞬きはほとんど無意識に行われており、瞬間的な瞬きが私たち自身の知覚の働きを感じさせることは、普通はない。それが感じられるのは、何らかの原因で、意識的に一定時間にわたって瞼が閉じられるような機会であろう。

しかし、このような単純な視知覚の描写、つまり「私が瞼を閉じることによって、周囲の世界が見えなくなる」という描写に、すでに異質な二種類のものが含まれていることに注意しなければならない。それは、私の視点から見た純粋に主観的な描写と、私以外の視点から見た、三人称的ないわば客観的描写とが、そこに混在しているということである。というのも、「私の瞼」は、私が自分の視点からみた主観的な描写には本来入ってこないものであり、私自身の顔を外側からみて初めて「私の瞼」の存在が確認され、それが滑らかに下方に動いて「私の瞳」を覆い隠すのがわかるからである。私の純粋に主観的な体験を描写するなら、私が顔の上の方の一定の筋肉を緊張させると視界の上側から下方に向かってそれまで見えていた外界が見えなくなる部分が広がってゆき、最後にさきほどまでの視界がすべて消失する、ということになる。この主観的な描写には、外側から見るのでなければ確認できない「瞼」の存在は入ってこない。先の「私が瞼を閉じることによって、周囲の世界が見えなくなる」という知覚の描写は、前半が外側からのいわば客観的な描写、後半が私の視点からの主観的な描写であり、それら二種類の描写が混在したものだと言える。このように、知覚が論じられる際には、私たちが外界の事物をたんに見たり聞いたりするという事態が問題になるのではなく、外界の事物を見聞きする私たち自身が再び見聞きされるという回帰的・重層的な構造があって、それが事態を複雑にしていると思われるのである。

もっとも、知覚の描写にそうした質の異なるものが含まれるということは、明晰な形ではないにせよ、すでに知覚を論じる人たちによって示唆されていることではある。例えば前章で見た大森の「重ね描き論」は、主観的な描写である透視図と、客観的な物理的描写を重ね描こうとするものであった。またずっと遡ってバークリの記述にもそうした事態は十分示唆されているのである。バークリは、『視覚新論』（一七〇九年）の中で、人の眼底の像、つまりいわゆる網膜像が倒立しているという問題を取り上げ、例えばある人物を見ている知覚者Bと、そのBの眼底を覗き込んでいる観察者Aを想定し、倒立した像は観察者Aにとってしか存在せず、知覚者Bにとっては正立像しか存在しないと論じている。これは実際に対象を知覚する人の主観的体験と、それを観察するいわば実験者の知覚との相違およびそれらの関連を論じたものと言える。[1]もっとも、バークリは知覚者Bが、いわゆる眼底の像を見ているという前提で議論しているが、すぐに見るようにこれは私たちが否定すべきものである。

しかしながら、これまで知覚に関する異なった描写が明確に規定されて区別され、それらの関係が論じられているわけではなく、先に見たようにしばしば異質な描写が混在した形で知覚過程が叙述されている。それゆえ以下ではまず、知覚過程に関するいくつかの異なった描写を明確に規定して区別することから始めたい。

（二）二つの分類指標と四種類の描写様式

知覚に関する異なった描写を分類する最初の指標は、何かを知覚している知覚者の視点から描写するか、それともその知覚者が知覚している様子を、別の視点から描写するかというものである。これは私たちがすでにさきほど言及した区別であり、例えば自分の目の前に赤い林檎を見ている人が、自分が見ているその様子を自分の視点から描写する仕方が一つである。それに対して、その人以外の誰かが、この知覚者が林檎を見ている様子を傍で観察していて、その知覚の様子を描写するのが、もう一つの仕方である。ここでは、知覚者自身の視点から知覚の様子を描写する仕方を縦描写、傍で観察している人の視点から知覚を描写する仕方を横描写、それらが混交した描写を混合描写と呼んでおく。横描写は赤い林檎を見ている人と、赤い林檎をいわば横に並置して、それを眺めて行う描写であり、それに対して縦描写は手前にいる自分の視点から向こうにある赤い林檎を見ているので、この方向性を縦と表現したいのである。前者は客観的描写、後者は主観的描写と呼んでもよいようなものであるが、すぐにみるように縦描写・横描写という分類と主観的描写・客観的描写という分類は完全に重なるものではない。また、主観的・客観的という語は非常に多義的な上、価値判断を伴って使用されることも多いため、ここではあえて使用を差し控えたい。[2]

二つ目の分類指標は、外界の対象に色や音等の質的、感覚的性質が帰属することを認めるか否かということである。認めるものを質的描写、認めないものを非質的描写と呼んでおく。先の、赤い林檎を見ている知覚者の視点からする縦描写は、林檎に赤という色を帰属させているのであるから質的描写である。それに対して、この林檎はいわゆる第一性質のみをもつと想定する十七世紀に登場した知覚描写、およびその流れに属する描写は非質的描写である。

この二種類の分類指標を組み合わせると、四種類の分類項目ができる。すなわち①質的縦描写、②質的横描写、③非質的縦描写、④非質的横描写、の四つであるが、③の非質的縦描写は実際には存在しない（表1

表1　二つの指標による知覚描写の分類

	縦描写（知覚者の視点からの描写）	横描写（観察者の視点からの描写）
質　的	①質的縦描写	②質的横描写
非質的	(③非質的縦描写)	④非質的横描写

参照）。以下、縦描写、横描写、およびそれらが混交した混合描写の順に少し詳しく見て行く。

（三）縦描写

縦描写は、実際に何かを知覚している人の体験を、知覚者自身の視点から描写するものである。このあり様を図示することはなかなか難しいが、例えばE・マッハが『感覚の分析』で描いた図は、視知覚の縦描写を図にしたものと言ってよい(3)。図5はマッハが安楽椅子に寝て右目を閉じたときの左目の視界を描いたもので、自分の眉毛や鼻、口ひげが視界の枠となっている。ここではモノクロームになっているが、もちろん実際の視野は色彩に満ちているはずである。

前章で論じたギブソンは、この図を簡略化したものを使って、頭を動かしたときの視野の変化を描写している(4)。図6がその一部であるが、これも縦描写であり、そこに時間的変化を取り込もうとしたものと言える。

人が外界の対象、例えば赤い林檎を見、通りを歩く人の声を聞くとき、そうした知覚世界は色や音といった質に満ちたものであって、それらがいわゆる第一性質と呼ばれたような形や大きさや運動状態といった、感覚的性質とは切り離された性質だけで知覚されることはない。この点でバークリが言っていることはまったく正しいので、知覚者の視点からの描写である縦描写には、非質的な縦描写というものは存在しない。それゆえ表1の③に該当

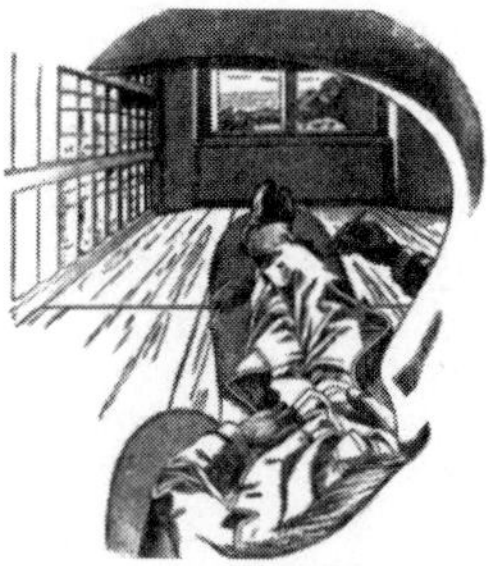

図５　左目の視界の描写

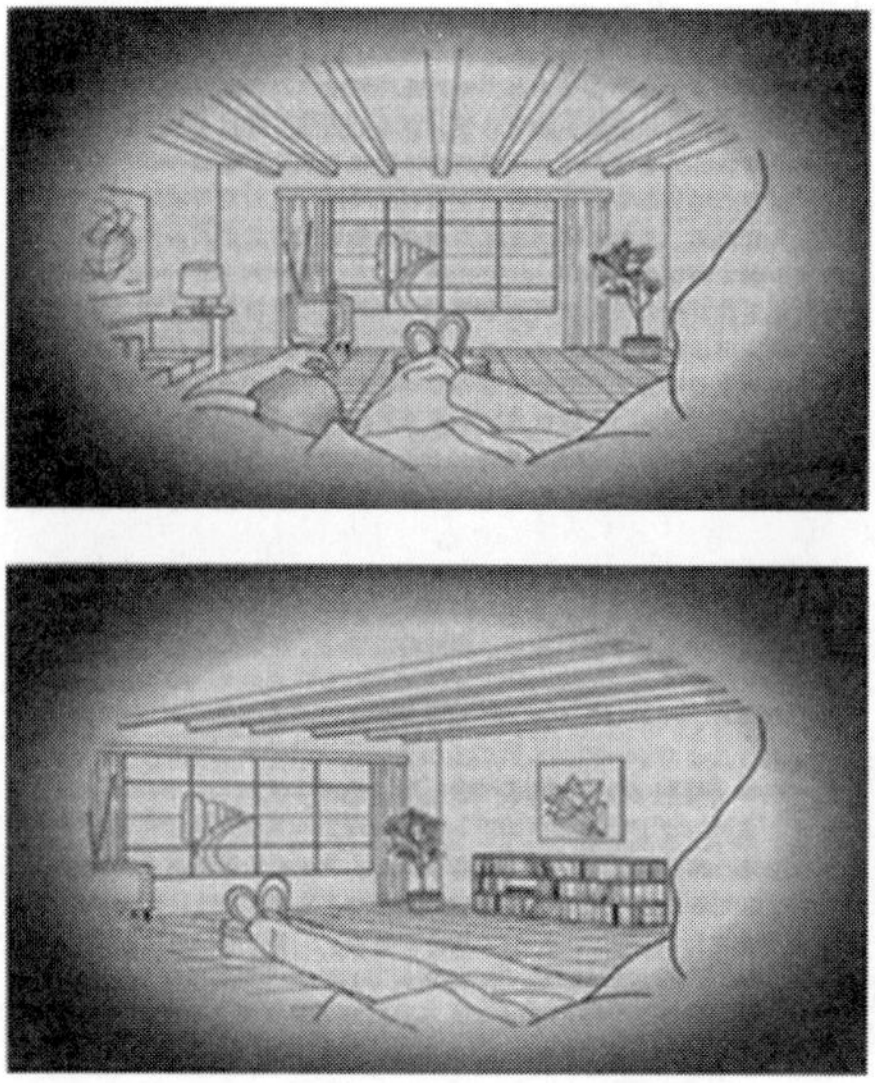

図６　ギブソンによる応用

する部分は存在しないと言ってよい。

縦描写は、一つの知覚主体からの知覚世界の眺めであり、この眺めは基本的に他者によって共有されることはできない。

このように言うと、例えばマッハが寝ていた椅子に私たち自身が寝て右目を閉じて左目から見れば、同じ描写ができるはずだと反論されるかもしれない。しかし、それはまさにそうなるはずだという推測にすぎない。例えば他者が見ているリンゴの赤の感覚を私は感覚することができない。これはいわゆる感覚の「私秘性（privateness）」と呼ばれる事態である。

また、私の額の部分に小さなカメラを取り付け、そこから見える風景を動画に撮影してそれを他の人に見せれば、私は自分の視覚風景に関する縦描写を他者と共有したことになるだろうか。しかしそれも同じことである。私は、実際に私の目の前にある赤い林檎の見え方と、動画で再生された赤い林檎の見え方がほぼ同じであることを確認できたとしても、その動画をみる他の人が、その再生された林檎の赤をどのように見ているかは分からない。私が見る赤とその人が見る赤を取り出して比較することは不可能であって、それゆえ私という人間が一人しか存在しないように、私の視点からの知覚世界の一人称的描写である質的縦描写も、唯一的性格をもつ。

(四)　横描写

このような縦描写に対して、何かを知覚している人の様子を別の観察者ないし実験者の立場から描写するのが横描写である。例えば私が黄金色の珍しい林檎を市場で見つけ、それを買ってきて友人に見せるとしよう。私が珍しい色の林檎を買って来たと言ってそれを友人の目の前のテーブルにのせると、それまで本を読んでいた友人は視線をそちらに向けて林檎を見、本当に珍しい色だね、と言う。私は友人が黄金色の林檎の方に視線を向けて、それを見たことを確信するので、その様子を彼の視知覚のあり様として記述することができる。これはある人が知覚する様子を観察者の視点から描写するものであり、横描写である。そしてこの場合の横描写は常識的なもので、私は、自分がテーブルに置いた林檎は黄金色をしており、それを見ている友人の瞳と髪の毛は少し茶色がかった黒であると、この描写に入ってくる諸対象に色という質的性質が帰属しているのを認めているので、これは表1の②の質的横描写である。ただし、そこで対象に帰されている色は、あくまでも私という傍観者が見ている黄金色という色であって、知覚者である友人がどのような色を見ているのかは分からない。この描写は、林檎という対象とそれを見る友人とを並置する横描写ではあるが、その描写には私という傍観者にとっての質的体験が入るので、誰にとっても成立するいわゆる客観的な描写とはならない。

これに対して、林檎などが持つ性質からいわゆる感覚的性質を除去し、誰にとっても確認できるような物理的性質のみをそこに帰属させる描写は、④の非質的横描写となる。図7は非質的横描写のきわめて簡略なイメージ図であるが、この描写では光がリンゴにあたって一定の波長の光が反射され、それがこの知覚者の目に入ると種々のプロセスを経て知覚者において赤という色の知覚が成立するとみなされる。このような知覚図式の嚆矢は私たちが第二章で確認したようにデカルトが『屈折光学』で展開したものであろう。そこで彼は、光というものを後にエーテルと名付けられた何らかの媒質を伝わってくる一種の運動と捉えたのであった。そのように考えることで彼は、リンゴという対象、媒質、知覚者自身の身体に物理的性質だけを認めることができた。こうした物理的性質は、三人称的に確認することができるので、この知覚プロセスを誰か他の実験者が観察する場合でも、同様の物理的性質を見て取ることが可能である。

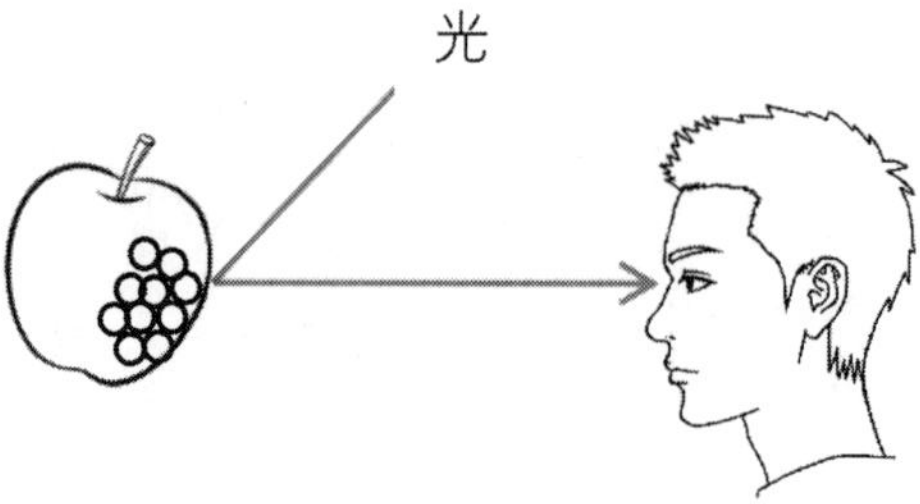

図7　視知覚の非質的横描写

　傍観者ないし実験者の立場からのこれら二つの描写は、まず、知覚者が眼の前の黄金色の林檎を知覚するプロセスを実験者が実際に観察しているのが第一次的な描写であり、この描写においては、実験者および知覚者の目の前にある林檎は黄金色のままなので、これは質的な横描写である。しかし、つぎに外界から色などの質的性質が剥奪され、第一性質的なものが残される。つまり、非質的横描写は、第一次的な質的横描写から質的性質が剥奪されることによって生じる、第二次的描写であると言うこともできよう。

（五）混合描写

しかし、横描写は、知覚過程の描写としては、それ自身だけでは不完全である。というのも、知覚過程の説明は、最終的に私たちの知覚体験の成立を説明しなければならないのであるが、例えば赤い林檎を見るという私たちの視知覚の体験は、先に述べたように縦描写にしか存在しないからである。それは同じように質的な描写である質的横描写でも同じことである。黄金色の林檎を目の前に置かれた友人の知覚体験は、林檎をテーブルにおいた私の視点からの描写には入ってこない。彼女が見ている林檎の色は彼女の視点からの描写である縦描写にしか存在しない。非質的横描写であれば、そのことはもっと明白であろう。非質的横描写は、誰でもが確認できる外界および知覚者に関する物理学的および生理学的描写であって、この知覚者の一人称的体験である林檎の色の知覚は、この三人称的描写には本来入ってくることができないのである。

そのことは、別の感覚でも同様である。よくある聴覚検査の場面を思い起こしてもよい。検査者は、大小高低の音を機器で発生させて被検査者に聞かせる。被検査者はヘッドホンなどを通じてそれが聞こえる場合には手元のスイッチを押して聞こえたことを知らせる。このとき、検査者は、機器によって音を発生させることはできるが、それが被検査者に実際に聞こえているかどうかは、分からない。というのも、音の知覚体験は一人称的なもので、第三者が客観的にそれを知ることはできないからである。そのために被検査者は自分に音が聞こえたことを、スイッチを押して信号を出すという三人称的に確認できる手段で検査者に教える必要があるわけである。

かつてカナダの脳科学者であるワイルダー・ペンフィールド（一八九一年〜一九七六年）がてんかん患者に部分麻酔をかけて頭骨を切開し、脳に微小な電流を流す実験をしたとき、側頭葉のある部分に電流を流すと

表2　二種の混合描写

縦描写と質的横描写の混合	縦描写と非質的横描写の混合
⑤日常的混合描写 （他者の知覚の日常的説明）	⑥科学的混合描写 （科学的知覚図式）

患者は音楽が聞こえると言ったが、その音楽を聞いているのは患者だけで、実験者であるペンフィールドも助手たちも、そのメロディーを聞くことはできなかった。患者がハミングでそのメロディーを再現したので、それがよく知られたメロディーであることがペンフィールドたちにもわかったのであった（第一章、第三節（二）参照）[5]。

このように、三人称な描写である横描写には、本来、知覚者の主観的な知覚体験は入り得ない。しかし、知覚の成立を記述することがこうした描写の目的なのであるから、知覚される対象の色や音の主観的体験をこの描写にいわば挿入せざるを得ない。知覚過程を三人称的な横描写を基盤として説明しようとすれば、実際にはそこに縦描写の一人称的描写を入れ込んだ混合描写にならざるを得ないのである[6]。

そしてこの混合描写には、横描写が二種類あるのに対応して、二種類が区別されなければならない。つまり、一人称的な縦描写の知覚体験を混合する際に、②の質的横描写と混交させるか、④の非質的横描写と混交させるかで、二種類の混合描写ができることになる（表2参照）。

先の黄金色の林檎の例で言えば、私がこの林檎を友人の目の前に置き、友人がそちらに視線を向けたことを確認し、おそらく彼も、私が見ているのと同じような黄金色の林檎を見ているに違いないと、そこに彼の一人称的な体験を混合させる。もちろん、彼の一人称的体験は私には知り得ないことで、一人称的体験として私が知り得るのは、私の体験だけである。しかしおそらく彼も同じような体験をしているであろうと推測して、この横描写に

（推測された）縦描写を混合させるのである。これが表2の⑤日常的混合描写である。この友人の（推測された）縦描写を混合させるという点は同じだが、外界に物理的性質だけを認めてそこから感覚的性質を剥奪し、物理的性質によって友人の中に質的性質をもった知覚体験が惹起されるとする描写が⑥の科学的混合描写である。（近代において科学的混合描写が形成される以前の知覚過程の説明、例えばアリストテレスからトマスに受け継がれる物体の形相のみの受け入れという説明は、やはり質的横描写と縦描写を混交したもので、日常的混合描写に類するものと考えられる。）

私たちが表1と表2において通し番号を振った①から⑥までの描写様式のうち、知覚者自身の視点から非質的な描写を行うという③の非質的縦描写は存在しえないと思われるので、知覚過程に関する可能な描写は、この③を除く五種類があることがわかる。しかし、知覚過程の説明はかならず私たちの質的な知覚体験を含まねばならないから、どのような仕方でも①の質的縦描写を説明の中に含まないわけにはいかない。それゆえ、実際に行われている描写は①の質的縦描写自身と、それを混交した⑤の日常的混合描写および⑥の科学的混合描写の三種類のみであると考えられる。このうち⑥の科学的混合描写が、私たちがこれまで科学的知覚図式と呼んできたものであることは、もはや明らかであろう。

私たちは、このような基本的な分類をもとに、前章で確認した知覚における時間差の問題を解きたいと考えているが、その前に、この分類が、網膜像を媒介とした知覚の説明の虚偽性を暴くことに有効であることを示してみたい。

第二節　視知覚に関する網膜像を媒介とする説明の虚偽性

（一）網膜像を媒介とした視知覚の説明

網膜像に関する初期の言及としてよく知られているのは、牛の眼球を使ったデカルトの実験である（図8参照）。[7] 彼の説明によると、まず牛の眼球を包んでいる膜を体液が漏れないように眼底部分でうまく切り、光を通す白い紙か卵の殻で再び覆う。それを暗くした部屋の窓に差し込んで、目の前の方を外の対象に、眼底を室内に向けるようにして、暗い室内から先の白い紙ＲＳＴを見ると、「おそらく感嘆と喜悦とともに、そこにはまったくそのまま一望の下に、外部のＶＸＹの方にあるすべての対象を表現する絵を見ることであろう」[8]と言われる。ここでは網膜像を見ているのは牛ではなく部屋の中の人間であり、これが牛の目ではなく人間の目だとすると、目の奥にもう一人の人間がいることになる。これは、先にギブソンが「脳の中の小人」ないし「ホムンクルス」と呼んだものに他ならないであろう（第三章、第四節（三）参照）。

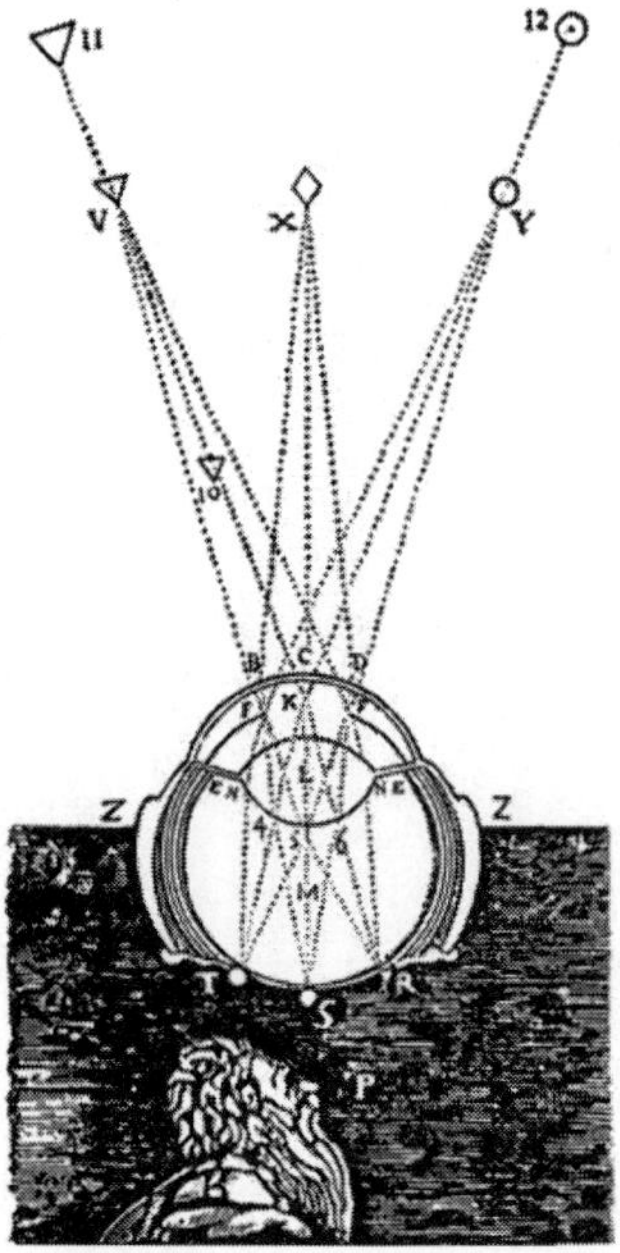

図８　デカルト『屈折光学』における網膜像の説明

光と彩りに満ちた世界の様子が、小さな目の奥にそのまま再現されていることを発見した人の驚きと喜びはどれほどであったろうか。そしてこの眼底の小さな絵が、一人の人間が

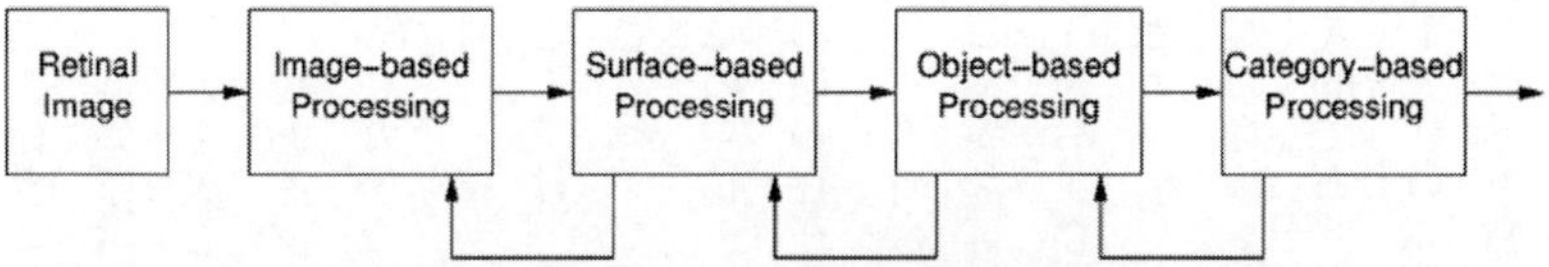

図９　パーマーによる視知覚の４段階

広大な宇宙の拡がりを捉えることができることを説明してくれると信じたのも無理はないであろう。

そして私たちの視覚がこの網膜像を媒介として成立するという考えは、現在でもなお一般に広まっているように思われるが、それは、視知覚の過程について語ろうとするときに、網膜像（retinal image）という言葉を使うのが便利であるという事情もあろう。例えば、視知覚の過程を一連の情報処理過程として捉える第一章で言及したＳ・Ｅ・パーマーは、視知覚における情報処理の四段階を区別するが、その最初は、「網膜像に基づく処理（Image-based Processing）」であり（図９参照）、こうした記述は、このような「像」が知覚者にとって存在するかのような印象を与える。[9]

このパーマーの書に触発されて書かれた横澤一彦『視覚科学』（二〇一〇年）は、「網膜像」が映画のスクリーンやカメラのフィルムに譬えられることに関する二つの誤解について注意を促している。そしてその一つで、先のデカルトの網膜像の図に触れている。

> 第一の誤解は、スクリーンやフィルムとしての網膜に映った情報は、「見た」と意識できた情報ではないことである。なぜならば、その情報をもとに、どのように認識し、理解しているのかが、「見る」という行為だからである。したがって、外界が眼球というレンズを通して網膜というスクリーンに像を結ぶ過程が、見る

ということと等価であるように考えてはいけない。図1－3のように、デカルト（Descartes）は『屈折光学（La Dioptrique）』において、眼球という暗い洞窟のなかの「私」が見ているという図式で「見る」ことを表した。見るということは眼球もしくは網膜を指すのではなく、そのような洞窟に隠れた「私」なのである。それでは「私」はどこにいて、表象された外部世界はどこにあるのだろうか（略）。少し哲学的になったが、このような問題の存在を知ることは、視覚科学を正しく理解するための第一歩であろう。[10]

ここでは、網膜に像を結ぶ過程が「見る」ということと等価なのではなく、それに基づくさらなる過程が必要であって、「見る」のはデカルトが暗室に置いたような、その先の「私」であること、またしかしそうするとこの「私」の所在や「私」の表象について哲学的疑念が生じることが指摘されている。ここでもやはり網膜上の像の存在は認められており、そのこと自体に疑問が提起されているわけではないようにみえる。

（二）網膜像は誰にとって存在するか

①色および形をもつ「網膜像」

まず、私たちが問題にしている網膜像がどのようなものであるのかを、確認しておこう。というのも、先に大森の議論を検討したときにも言及したように「像」の概念は多義的であり、それゆえ「網膜像」の概念も多義的であり得るからである。しかし、今私たちが問題にすべきなのは、まさにデカルトが『屈折光学』で記述したような眼底に見える絵のことだと理解しておくことができる。そして、普通、この絵としての「像」は、色と形とを備えている。黄金色の林檎がデカルトの実験室の外に置かれており、その網膜像をデカルトが暗室の中で覗き込んでいるとすれば、彼が見ている網膜像は、黄金色という色と、林檎の形とを備えているはずである。ただし、この形は、眼底が凹面をしていることなどから、正確に室外の林檎の輪郭と同じにはなっていないはずである。それにしても、デカルトが覗いている網膜像には色と形とがあるはずであり、そのことは、デカルト自身が、先の図で外界の対象としたV・X・Yを赤、黄、青と仮定した時、網膜上の点R・S・Tに赤、黄、青の点を見るだろうと書いていることからも明らかである。(11)

しかし、網膜像というものは、視知覚の過程の説明の中には本来入ってくるはずのないものである。そのことは、網膜像というものが誰にとって存在するものであるのかを考えればはっきりするであろう。

②質的縦描写には網膜像は存在しない

まず、知覚者本人の視点から知覚過程を描写する質的縦描写（前節の分類では①）には、網膜像が存在していないことを確認しよう。これはマッハやギブソンが図示しようとした描写であり、知覚の様子に関する私たちの一人称的で唯一的な描写であった。この描写においては、私は例えば目の前にある黄金色の林檎を視覚的に捉えており、その手前にある私の身体の前側、手や足、鼻などの顔の一部も視覚的に捉えている。それらはもちろん色と形とをもっている。目をつぶればこの様子は消えて、代わりにたぶん瞼の裏側と思われる比較的一様な明るい褐色が広がっているのが見える。しかし、こうした視覚世界の縦描写には、眼底の網膜に映る小さな黄金色の林檎は入ってこない。それでは、科学的知覚図式による描写には網膜像は何らかの位置を占めているのだろうか。

③科学的混合描写（科学的知覚図式）には網膜像は存在しない

科学的混合描写は、外界から眼球に光が入り、それが網膜において電気的情報に変換され、視神経等を経て大脳の視覚野へと伝達され、それによって視知覚が成立すると説明する。ニュートンがすでにそう言ったように光自体には色は存在しないとされ、それを反射する対象にも私たちが感じるような色の質的性質は帰属させられない。外界の事物や、その情報を受けとる生体もまた、三人称的に記述できる性質をもつものとしてのみ想定される。それでは光からもたらされたそうした三人称的な情報の伝達経路のどこで、色や形の知覚が発生するのであろうか。視覚情報はもちろん色や形だけではないが、以下簡略のためそれのみに着目する。また実際に外界の対象を見ている人を知覚者、その視知覚の様子を傍で観察している人を実験者とする。

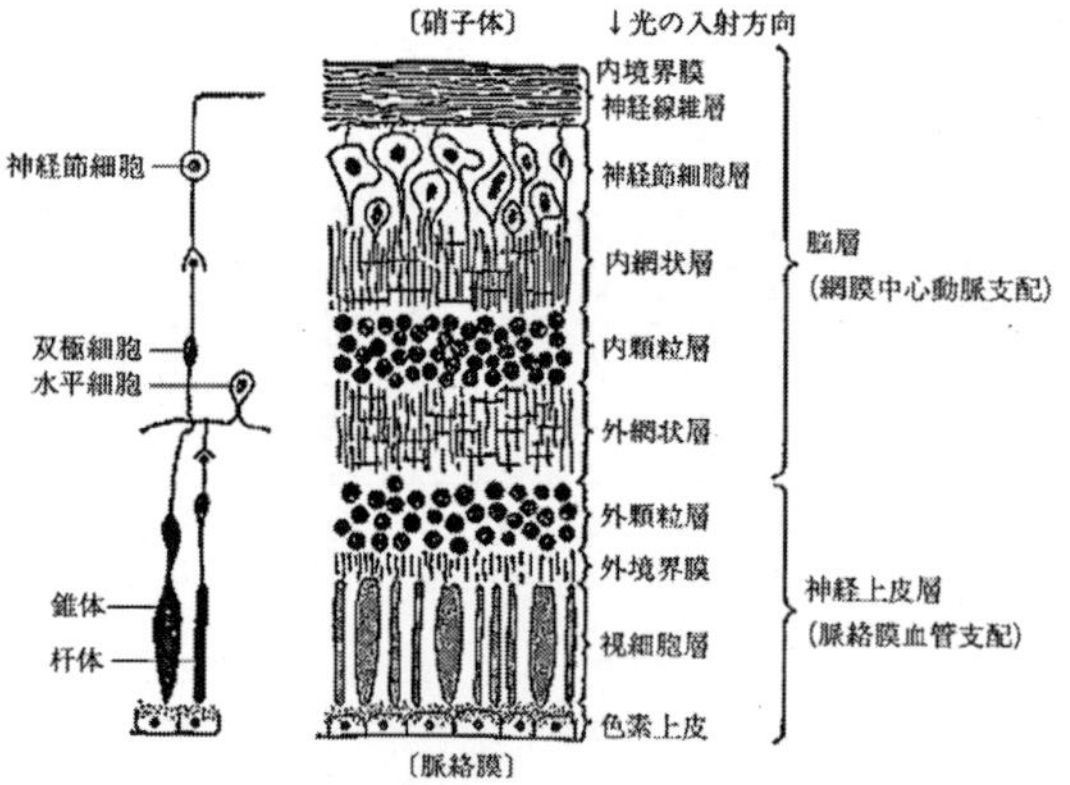

図10　網膜の構造（篠森『視覚Ｉ』４頁による）

網膜は厚さが二〇〇から二五〇マイクロメートル（〇・二ミリから〇・二五ミリ）の薄い膜であるが、働きの異なる細胞からなる層構造をなしている。[12] このうち光のエネルギーを受けてそれを電気的エネルギーに変換するのが、少し奥まったところにある視細胞である。この視細胞から視覚野に至る生理学的組織とそこにおける情報処理の仕組みは詳細に研究され、解明されつつあるが、ここでは私たちの関心事である色や形を備えた像がどこで成立するかという点だけが判明すればよい。

視細胞には暗い所で働く桿体と明るい所で働く錐体の二種類があり、この錐体には光の波長感受性の異なる三種類の細胞があることは比較的よく知られている。このうち最も短波長領域に感度をもつものはS錐体（short-wavelength-sensitive cone）、中波長領域に感度をもつものはM錐体（middle-）、長波長領域に感度をもつものはL錐体（long-）と呼ばれ、これら錐体細胞が色および形の知覚に関与していると考えられる。私たちは外界に無数に多様な色を見るが、このように多様な色の知覚がどのようにして成立するかについては議論があった。先にも触れたヘルムホルツはこれら多様な色彩が青・緑・赤の三原色の融合によって生じると考えたが、三種類の感受性をもつ錐体の存在はこの仮説によく適合する。しかし、この説によれば黄色は赤と緑の混合によって生じるもので、純粋な色とは見なされず、これは人の経験的実感に反するところがある。ヘルムホルツとは別の説明方式であるカール・ヘリング（一八三四年～一九一八年）の「反対色説」は、この黄色を原色に取り入れたものであった。すなわちそれによれば色覚の元になる色は六つで、それぞれ反対色が対になって黒・白、青・黄、緑・赤という三組を構成し、光化学的変化による三種類の物質が合成されるか分解されるかでどちらかの色が発生する。例えば黒・白を司る物質が合成されれば黒、分解されれば白という具合に、それぞれ入力した情報に対応する出力があり、それらが融合して最終的に色覚が生じる。この反対色説は、補色が見える残像現象の説明等にも有効であった。ヘリングが想定したような合成・分解される物質の存在は今では完全に否定されているが、網膜において視細胞の後に情報が伝達される水平細胞は、光の波長に応じて正負の反応が切り替わることがわかった。つまりこの水平細胞では、反対色説型の反応が行われているらしいのである。それで現在では、視細胞のレベルでの三原色過程が、水平細胞のレベルで反対色型に変換され、それがさらに大脳へと伝達されていくという「段階説」というものが有力になっている。しかし、これらの網膜における反応は、光の情報を波長の成分別にいわば手分けして電気信号に変換し、それを先に送り出す仕事である。出力された情報は、網膜神経節細胞、外側膝状体を経由して大脳の視覚野に送られる。

一方、形を見る仕組みは、やはり視細胞の次にある双極細胞ではじまると考えられるが、これも情報を視覚野へと送るだけで、ここで形の知覚が成立するわけではない。

そのようにして大脳皮質へ送られた視覚情報はまずV１と呼ばれる領域に入り、そこで色や形の情報抽出が行われると考えられている。詳細は割愛するが、この情報はさらにV２に送られ、そこから比較的スピードの遅い処理経路である腹側経路を通ってV４、ＩＴ（下側頭皮質）へと送られる（図11参照）。結局、このＩＴが形の情報処理を担当し、V４では色の情報処理に特化した領域と、形に特化した領域に分かれており、それらがパッチ状に分布していることが分かっている。これらからすれば、色および形を備えた像の知覚が成立するのは、少なくとも大脳皮質のV４以降のどこかの段階であることがわかる。

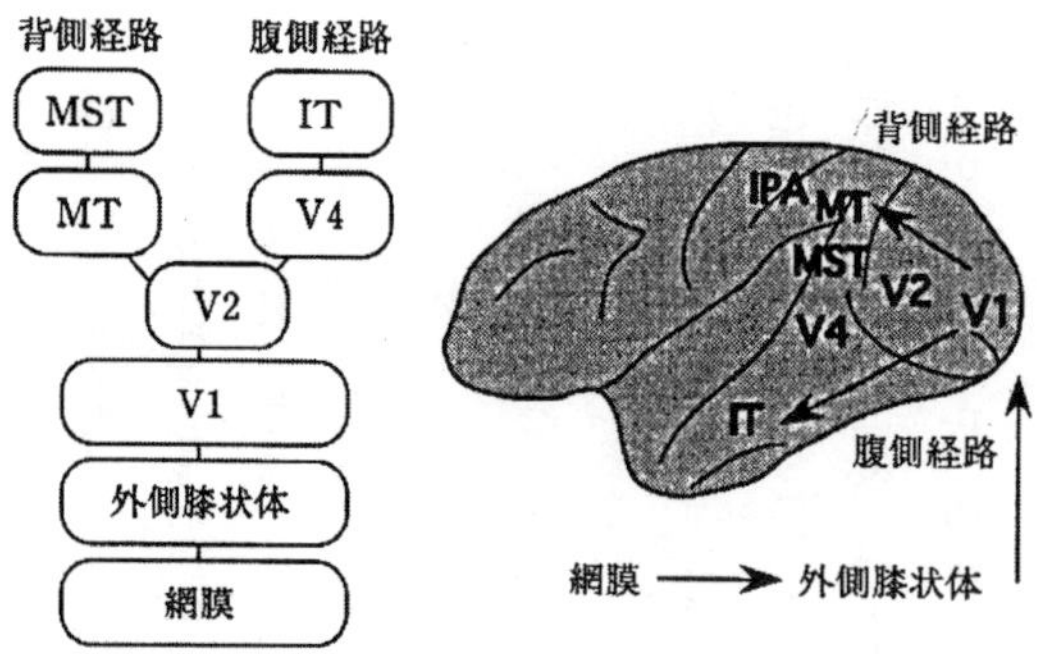

図11　視覚情報の流れ（篠森『視覚Ｉ』46頁による）

このことはとりもなおさず、光が網膜上に到達した段階においては、色と形とを備えた「像」は、存在しようがないということを意味している。それにもかかわらず、そのことが往々にして忘れ去られているように見えるのは、デカルトのような実験をすれば色と形とを備えた網膜像が実際に確認できるからであろう。しかし、デカルトが網膜像について記述している描写は実験者が自分の視点から知覚世界を色付いたものとして見ている質的横描写（表1による分類の②）であって、世界から質的性質を剥奪した彼自身の科学的知覚図式ではない。科学的知覚図式は非質的横描写と縦描写を混合したもの（表2の⑥）であって、ここには色と形とを備えた網膜像が存在できる可能性はないのである。

④科学的混合描写で語られる「網膜像」とはいかなるものか

それでは先述したような生理学的説明を含む視知覚の成立の説明に、「網膜像」の結像ということが当然のように登場するのはどうしたわけであろうか。またこの結像に関する不具合を調整することによって、実際に近視や遠視が治療されるということをどのように理解すればよいのだろうか。

私たちが光について学び始めるとき、それは当然のように私たちの光に関する日常的な経験を通して行われる。例えば冬の空を覆う厚い雲が切れて、そこから日の光が地上に幾筋も差し込む様子を見るとき、光の進む様子が見て取られる。今度は部屋の中で、スリットを平行に何本か切り込んだ紙を一つの電球にかざすと、電球の光はスリットから出て放射状に進むが、日光にかざすとスリットを出た光線は平行に進むのがわかる。虫眼鏡で太陽光線を黒い紙の上に集めて、そこに映る円が一番小さくなるように虫眼鏡と紙の位置を調整すると、光が集められて発火する。レンズの前に蝋燭をおいて、反対側に置いた白い紙との距離をやはりうまく調整すると、白い紙には蝋燭の倒立像が映る。こうした日常的経験や実験から、私たちは光の進行について学ぶが、光は私たちとってまさに光輝いているもので、雲間から差し込む光の筋は背景の暗い雲との対比において見て取られるのだし、黒い紙の上に集められる日光の円も、白い紙の上の蝋燭の倒立像も、むろん色と形とを備えたものである。つまり私たちにとって光とは、このように質的性質に満ちた世界の中に存在する、それ自体が質をもった存在である。

しかしニュートンが色をもたないといった光は、これとは異なっている。あるいは同じものであるはずなのだが、異なったものと想定されている。光学装置としての眼球に外界から光が入射し、角膜および水晶体で屈折して眼底の網膜上で結像するとされるとき、そこで記述されている光は、先の日常的に見て取られた光ではなく、物理的存在としての光であり、むしろそれが原因となって色や形の知覚を産出すると考えられている光である。もちろん外界の物体も、知覚者の眼球も、そこに入射する光も、実験者の普通の知覚体験を通してしか把握されない。目の前にある林檎は色と形とで周囲から切り離された固体として認識され、眼球は瞳の部分と周囲との色の差によってその位置が確認されるほかはない。だから、実験者は質的横描写から描写を開始する他はない。光もまた光輝く光として、闇とは質的に区別される光として把握されることからしか記述を開始できないはずであるが、この光がむしろ知覚者の生体内で色と形とを産出する以前の存在として考えられているときには、そうした質的性質は剥奪されてしまう。

つまり、科学的混合描写において登場する「網膜像」は、そうしたある種の理念的なものであって、実験者の質的横描写を基盤として、そこから色などの質的性質が剥奪され、物理理論的に規定されて出来上がるものと言うべきである。それゆえにこの意味での「網膜像」は、けっして見ることはできない。

⑤質的横描写からの脱質化

なぜこのような質的性質の剥奪（以下、これを簡略に「脱質化」と呼ぼう）が起こるのであろうか。それはとりもなおさず、世界の質的描写が、一人称的なものだからである。色・音・味・香り・手触り等を備えた世界の描写、すなわち縦描写は、世界で唯一、私にとってのものであり、他の誰のものでもない。すぐ隣にいる人が、私が見ている林檎の赤と同じ赤を見、私が嗅いでいる同じ香りを嗅いでいるという保証はどこにもなく、また確認する方法もない。しかし、世界について客観的に語るには、というよりもむしろ誰にとっても成り立つ事柄について間主観的に語るには、こうした質的性質に依拠して語るわけにはいかない。誰にとっても存在する客観的世界は、誰にとっても存在する客観的性質からなると考えるべきであり、それゆえ一人称的にしか成立しない質的性質はそこから除去しなければならない。

けれどもバークリが指摘していたように、色と形はそもそも分離できるようなものではないし、形もまた色と同じように観察者によって変化する。だから主観的要素を世界の客観的描写から排除しようとすれば、色などとともに形もまた除去すべきだということになる。しかし、色も形もない対象とはいったい何なのか、ほとんど理解不能になってしまう。それゆえ少なくとも形のようなもの、ロックが第一性質と呼んだ諸性質だけは外界に残しておかなければならない。そうして出来上がったのが、脱色され、無音の、無味無臭の幽霊のような対象、物理的性質はもつが、けっして具体的経験にはかからない理念的な対象ということになる。科学的混合描写が外界に想定するのは、そうした対象である。

そして、そのことは、外界の対象だけに留まるものでないことは言うまでもない。光を受け入れる眼球やその眼底の網膜、そこから進む視神経や大脳皮質なども、同じことである。それらの観察は、質的横描写から開始する他はない。目の構造も大脳皮質の構造も実験者の質的横描写を通してしか確定できないが、にもかかわらず確定されるやいなや、それらは色をもたないものと想定される。外界からの情報が伝達される経路としては、眼球に到達する以前と、到達してから以後とでは特段、変わるわけではない。私たちの皮膚も瞳も色をもっているが、科学的知覚図式では色知覚の発生が説明されるのだから、色知覚が発生する以前の経路は色をもたないことになってしまう。そして大脳皮質のどこかで、突然色が発生するのである。このことは、視覚情報の伝達経路の各種細胞の構造などがしばしば染色法によって解明されることを考えれば、何か皮肉にも思われる。このように、科学的混合描写において前提されている外界の対象や生体組織は、脱質化された、いわば「脱質体」とでもいうべきものである。

⑥バッキィリータの実験の「奇妙さ」の由来

このように確認すれば、私たちが前章第五節でみたバッキィリータの実験の「奇妙さ」がどこに由来するかもよくわかる。それはとりもなおさず、私たちが、網膜上に見ることのできる像が形成され、その像の情報が視神経を経て大脳皮質に伝達されて私たちの視覚が成立すると考えることによる。そう考えるなら、目の不自由な方が視覚をもつこと、網膜上の像を経由しない視覚の成立は、不可解としかいいようがなくなる。しかし、先にみたように、現在行われている視覚の生理学的仕組みの説明においては、見ることのできる網膜像というものは登場し得ないのである。それゆえ、網膜上で獲得された情報に類するものが代替装置によって獲得されるなら、網膜像を媒介とせずに外界の対象の視知覚が成立するのも、あながち不合理なこととは思えないのである。しかし、バッキィリータの実験は、むしろ、科学的混合描写の正しさを立証しているのではないだろうか。というのも、頭部に装着したカメラからコンピュータに送られるデータは物理的なものであり、最終的にそれが被験者に視覚像を発生させていると解釈することができるからである。この実験をどう解釈するかという問題には、次節で本書の立場を明確にしてからもう一度立ち戻ることにしたいと思う。

第三節　縦描写を基礎として構築する知覚描写

(一) 二種の描写の利点と欠点および縦描写からの出発

私たちにとってもっとも身近な知覚の描写は、もちろん自分の視点からの質的縦描写（表1の①）である。また、現在行われている知覚過程に関する科学的説明は、科学的混合描写（表2の⑥）である。日常的混合描写（表2の⑤）は両者の中間的な性格をもっていると言える。主たる描写である質的縦描写と科学的混合描写の二つは、それぞれ次のような利点と欠点をもっている。

科学的混合描写は、三人称的な性質によって知覚プロセスを記述しようというのであるから、誰にとっても確認できる客観性を備えており、他の物理的現象の説明との体系的な整合性を追求できる点で優れているが、しかし横描写を基礎にして知覚の成立を説明しようとすれば、先にみたように三人称的な記述のみでは完結しえず、知覚者の縦描写の主観的な特性をこの描写の中に移入せざるを得ない。また、それはけっして実験者には知られ得ないから、推測に留まらざるを得ないという点で不完全なものである。また、この描写は外界（および生体）から質的性質を剥奪するので、日常的な自然観と乖離しており、不自然なものであって、矛盾も含むことは第一章でみたとおりである。

一方の質的縦描写は、外界に色・音・味・匂い・手触りといった質的な性質を認める点で、人の自然な世界観に合致しているが、知覚プロセスの叙述という点からすれば、問題点も含んでいる。それは、プロセスとしての知覚、一連の因果関係における知覚体験という、知覚に関する因果的連関がこの縦描写では見えにくいという点である。

もちろんこの縦描写の中にも諸事象の因果関係は登場する。例えば子どもが池に石を投げたら、池にきれいな波紋が広がったのを私が見ているとしよう。石を投げたことが原因で結果として池に波紋が広がったという因果関係が私の主観的体験の中で明らかに見て取れるのは、この体験自体が一定の時間幅で展開され、その時間幅をもった現象が因果関係に分断されるからである。このようないわば通常の因果関係ならば、それを縦描写において捉えることに問題はない。しかし、私の目の前に林檎があってその赤い色を知覚している場合、その林檎の赤の知覚は、私が視線をそちらに向けるやいなや一瞬にして出現する。人の声もまた、誰かが叫んでいるのを私は一瞬にして聞く。私たちの色や音の知覚体験そのものは、とくにその体験において因果的プロセスの諸連関を感じさせるような時間的に延び広がったものではなく、体験自体として一瞬に成立している。朝日が昇るのを見るとき、自然科学は物理的に実在する太陽は実際にはすでに約8分前に昇っているのであり、その物理的に実在する太陽が原因で今の太陽の視覚像が成立しているのだと言うが、この視覚体験自体にはそのような時間幅は存在しない。それゆえ通常の因果関係から区別される、このような知覚過程自身に関する因果関係（以下、知覚因果とも略記する）の扱いが問題となるのである。

しかし、私たちが自然界に質的性質を回復しようとするなら、どうしても、この縦描写から出発しなければならない。というのも、世界の質的描写は、知覚者自身の視点からする、この一人称的な縦描写しか存在しないからである。ただし、この縦描写を基礎とする描写は、自然科学的な知覚プロセスの因果的説明と合致してそれと矛盾しないような記述にならなくてはならない。逆に言えば、自然科学が主張するような知覚プロセスの因果的説明を保持しつつ、しかも外界から質的性質を剝奪しないような記述ができればよいわけである。

色の知覚に即して言えば、そもそも、知覚者の知覚過程を解明しようとする実験者も、実験者自身の縦描写、つまり実験者が見ている色付きの世界から出発せざるを得ないことは明らかである。実際に実験者が見ている知覚者の身体は、もちろん色をもっているし、生体の微細な構造が各種の染色法によって解明されることもある。にもかかわらず、それらは色をもっていないものとして前提されないと、そこから色知覚の発生を説明することはできない。色知覚の発生を説明しようというのであるから、この発生以前に色の存在を認めることはできない道理である。だから、外界も生体も、色を剝奪された幽霊のような存在となり、そこを情報が進んでゆき、幽霊のような脳のどこかで、突如として私たちの色の知覚が発生する。そしてこれが再びどのようにしてか、生体と外界に送り戻されなければならないことになる。

問題の根源は、おそらくこの色知覚の「発生」ということにある。何も無い無から知覚が発生すると考えれば、当然、この知覚の発生以前の世界は、質的なものとは無縁の世界と見なされざるをえない。けれども、いったいどこに、このような幽霊的世界があるというのだろうか。私たちは生まれてこのかた、ずっと色付きで質に満ちた世界を生きてきており、そこを離れたことなどないではないか。科学的営みもまた、この質的世界から歴史的に生まれてきたのではないのだろうか。

それゆえ、私たちは世界に色を返さねばならないし、他の質的性質も同じである。世界は最初から色をもち、質に満ちている。色の発生を説明する必要はなく、またそれは誤りである。

では、光学系としての目から続く、あの驚くべき生体の仕組みを通して行われていることは何であるのか。それが色知覚を発生させることでないとすれば、何が行われていると言うべきなのか。すぐに見るように、それを「変化の検出」だと考えることはできないだろうか。ともあれ、私たちはまず、質的縦描写を基礎としつつ、どのようにすればそこに知覚因果を取り込むことができるのかをみてゆきたい。

（二）縦描写による知覚因果の取り込み

①音知覚の縦描写による因果的説明

まず、比較的考えやすいと思われる音知覚の縦描写の例からみてみたい。

私が双眼鏡で約三四〇メートル離れた音源を見ていると、音源の傍にいる人がスイッチを入れるのが見えたとしよう。その約一秒後に私に音が聞こえる。スイッチを入れた実験者は、スイッチを入れたのとほぼ同時にそこで音を聞いているだろう。音源から私までの経路のちょうど真ん中にいる人の耳には、約〇・五秒後に音が聞こえるだろう。

これは私という知覚者の視覚体験、聴覚体験の縦描写であるが、この縦描写においては、スイッチが入ったことの視覚的確認が原因の生起とみなされ、自分がその音を聞いたという体験の発生が結果の出来とみなされる（ただしこの音は私の脳内にではなく、音源に位置付けられる）。スイッチが入ると同時に音は発生していると想定されるから（音源の傍でスイッチを入れている実験者の体験による証言がなされ得る）、この時差を整合的に理解するには、音が、遠くの音源からこちらに伝わってきたと考えるのがよい。ここでは知覚因果の成立が見て取られていると言えるが、このように、音知覚の一人称的な縦描写において因果関係の認識が成り立つためには、二種類の知覚体験（ここでは視覚体験および聴覚体験）間の協働と、別の知覚者（音源にいて証言する人、これは他者でもいいし移動した私でもよい）との協働が必要であるように見える。

この縦描写による知覚因果の記述と、横描写による記述を比べてみてわかることは、まず、縦描写においては私の聴覚体験以前の原因が視覚によって体験されていて、それゆえこの原因は、横描写における原因のように知覚外部に想定される物理的存在ではない、という事である。

しかし、音知覚だけに限定すれば、その特定の音を聞くという質的体験は、スイッチを入れた時点では成立しておらず、その意味で原因の生起は、音知覚の外部にあるのではないか、と反論されるかもしれない。しかし、私は、その装置から出るその特定の音は聞いていないが、外部世界の音をまったく聞いていないわけではない。縦描写においては、外部世界は依然として常に音に満ちており、ただその装置から出るその特定の音をまだ聞いていないだけである。あるいは別の言いかたをすれば、その時点では、その装置を「無音」として、音ゼロとして聞いているといってもよい。私は、私の周囲世界からのさまざまな音を耳にしているが、その装置から出た音は聞いておらず、その装置は外界の音の布置の中で、音ゼロとして知覚されている。さらに、無音もまた音体験の一種であることには違いなく、音体験をしていないわけではない、のである。そのように考えれば、私が一秒後にその音源の音を聞いたときには、そこで音知覚が「発生」したのではなく、音知覚の「変化」が感知されたのみである。

また、三四〇メートル離れた私には一秒後にその音が聞こえるが、一秒前の時点でその音が発生していないわけではない。というのも、別の実験をして、私がその音源のすぐ近くにいれば、ただちに音を聞いたであろうし、一七〇メートル離れた地点では〇.五秒後に音が聞こえたはずだからである。この一連の縦描写を連続させることで、質的な音体験の伝播として音の伝播を記述し、縦描写に時間幅をもたせる可能性が生じる。ただし、その場合、現実に聞かれた音に加えて、音源近くにいれば聞かれたであろう〈可能的な音〉という概念を導入する必要があるだろう。

縦描写においては、音源から知覚者までの各地点は知覚と切り離された物理的地点ではなく、知覚者が位置し得る場所であり、〈可能的な知覚中心〉の連続である。スイッチが入ったときに三四〇メートル離れた私には音は聞こえないが、しかしそのことは、横描写が想定するように、あらゆる知覚の外部にある物理的事実の存在を意味しているのではなく、「仮に知覚者がすぐそばにいれば」「音が聞こえたであろう」事態の存在を意味している。このときまだ私に聞こえない音は、〈潜在的な音〉あるいは〈可能的な音〉であって、主観的な表現をすれば「まだ聞かれない音」である。横描写が想定する音源としての物理的振動は、あらゆる知覚者が存在しなくてもそれだけで実在するものだろうが、〈可能的な知覚中心〉における〈可能態としての音〉はあくまで知覚中心の連続からなる私の周囲世界における質的描写である。私たちが第三章でみたギブソンの「観察点」という概念（第三章、第四節（二））は、この可能的知覚中心という概念に近いものとも考えられる。

②声の伝搬

先の事例の音源を人自身にしてみよう。音源にいる人は、自分の声を拡声器で拡大し、私の方に向かってある言葉を叫ぶのである。私は先の事例と同様に、彼の口が動いたのを望遠鏡で観察し、その一秒後に彼の声を聞くことになる。しかし、このとき私はもちろん、その音（声）を音源である人に位置付けるのであり、私自身の脳内には位置づけない。おそらく腹話術でも見ているような、通常とは異なる奇妙な体験になるであろう。それが奇妙なのは、通常のように口の動きと音（声）が一致しないからであるが、それが奇妙に感じられるのは、裏を返せば、人が普通、音（声）をその発生源に位置づけていることの証左でもある。この事例が先の事例と異なるのは、音源自体が人なので、この音源である人は、自分の発声を聞いており、その人にとってそこで音体験が成立しているということである。私は、音源の人が音を出した（発声した）ことを承知しており、したがって、その声が伝播して一秒後に自分のところに来たことを理解できる。そしてこのずれは奇妙に感じられるが、しかし私はもちろん自分でも発声の体験をもっているので、この音（声）の体験を、音源の人の場所に位置付けることが可能である。

③音の位置といわゆる「投射」の不要性について

この縦描写を採れば、いわゆる「投射」の必要性はなくなる。というのも、科学的混合描写をすれば、体験者の位置で生じたとされる音体験を、そもそも音という質的性質とは関係のない、物理的存在としての遠くの音源に投射し、位置付けねばならず、それがどのように行われるのかは理解しがたい。しかし縦描写ではどうか。私は、たしかに装置のスイッチが入ってから一秒後、ないし口が動くのが観察されてから一秒後に音（声）を聞いている。そして奇妙に感じつつも、それが音源（口）から発せられたものと考え、そこに音（声）を位置付ける。それが可能なのは、その位置に体験者がいれば当然音を聞くと前提されているからである。

縦描写は主観的な描写であるから、この描写の中には、双眼鏡による音源の視覚像も入っている。ある意味で、知覚世界全体がこの描写の中に同時的にあるので、その一部に音を位置付けることには困難は生じない。それに対して、横描写では、遠方の音源とは物理的距離があり、体験者の位置で生じた音の体験を、その距離の場所まで逆の経路をたどって貼り付けねばならず、これがどのように行われるのかが理解できない。しかし、縦描写の主観的体験においては、ある意味で客観的な距離というものはない。体験は遠くの対象も近くの対象も体験内に収められており、その意味では距離はないからである。

自分が聞いた音を、かなり向こうにいる人に位置付けることを投射と呼ぼうと思えばもちろんそうすることもできよう。しかし、ここである種の投射がなされているとすれば、それは私たちが第一章でみたように、科学的知覚図式に要求される〈客観的投射〉とは区別される〈主観的投射〉に他ならない。

④色知覚の縦描写による因果的説明

先にも挙げた色知覚の事例（第三章第六節）で再考してみよう。部屋の中に茶色の机があって今は見えている。しかし、照明を消すと机の茶色は見えなくなる。これは、以前は存在していた茶色の机からの一定波長の光の反射と、その目までの伝達が無くなったからであり、つまり、AおよびBの区間にCにおける色知覚の原因となっていた一定波長の光が存在しなくなったからである。このように理解すれば、色の知覚プロセスは因果系列に分断されるので、先に見た相関主義的副詞主義（第三章第五節（二））のようにプロセス全体に色を帰属させることは難しくなるのであった。また、外界の物理的性質が原因となって、生体内に色知覚が「発生」することにもなり、客観的投射の必要が出てくるわけであった。この事態を、縦描写を基礎にして考えるとどうなるであろうか。

この照明が消されるケースを縦描写する場合、茶色の机が見えている状態から、それが見えなくなり、視野の真っ暗な状態への移行があることになる。しかし、ここで私たちは、色知覚が消滅したと言うべきであろうか。そのように言いたくなるのは、真っ暗であること、あるいは黒いということを、色をもたないことと理解するからである。しかし、黒もまた色の一種であることは言うまでもない。

　人が完全な暗闇の中に居るとき、身体の外の対象はまったく存在しないとか、諸対象からなる外界はまったく存在しない、と言う人がいたとすれば、笑われるに違いない。人はそう信じてはいない。外界も、そこにある諸対象も存在する。しかし、それらに関する視覚的情報がないだけである。あるいは、ある意味においては、このときでさえ、外界の諸対象は見られている。光があって初めて諸対象の視知覚が発生するのではなく、暗闇でも知覚はされている。しかし、知覚された結果が、暗闇なのである。暗闇というのは知覚の一つの結果、特殊な結果であって、知覚の欠如した状態、知覚が成立していない状態ではない。黒という色がさまざまな色の一種である（たしかにそれは特殊な色だが）のと同様に、何も知覚されない暗闇も、知覚の一種であり、知覚はすでに生起しているのである。

　照明が点灯される前、机が色をもたないと人が考えるのはなぜだろう。それは、部屋は真っ暗で、そこに何があるか見分けがつかないからであろう。もともと色とは、その違いによって、対象の相違、あるいは対象における諸部分の相違を告知するもの、である。けれども、色の相違を識別できない場合でも、対象が色をもつ場合はもちろんある。銀のお椀に雪を盛ったら、どこが椀でどこが雪かわからない。区別できなくとも、それらは色をもっている。だから、照明が点灯されていないとき、部屋の中にあるかもしれない事物は、色をもつという性質を失ったわけではない。それは黒という色をもっている。しかし、部屋全体が黒という色をもつので、部屋の中にあるかもしれない事物相互の差異はわからなくなっている。以前あった机も、その周りもすべて黒である。しかし、それらは色という性質を失ったわけではない。そして照明が点灯されると、茶色の机が再び見える。これは茶色の色知覚が「発生」したのではなく、色の「変化が検出」されたのである。対象はずっと色をもち続けている。

照明が消されたときに机が色をもたなくなるという私たちの解釈に影響しているもう一つの事柄は、いわゆる「色の恒常性」という事態であろう。私たちは、ある対象の色を固定的に把握する傾向がある。これは知覚のレベルでも言えるし、概念的認識のレベルでも言える。机が茶色であるという認識がいったん成り立つと、その認識が大きく変更される事態が生じない限り、そのように理解され続けるだろう。だから照明が消されて部屋が暗闇になったとき、私たちは机の色が黒くなったとは考えずに、茶色い机が見えなくなった、つまり茶色い机の知覚が消失したと考えるのである。その実、部屋の中の知覚が消失したわけではない。

しかし今度は、次のような場合を考えてみよう。それは、もう一度照明を消して、再びつけると、さっきは見えていた茶色の机が見えなくなるとしてみよう。つい先ほどまで見えていたのに、今度は見えない。なぜだろうか。二つの可能性がある。第一の可能性は、さっきまであった机がなくなった、というものである。第二の可能性は、机はもともとなかったのだが、最初の時には自分が机の幻想をみていた、というものである。第二の状況ではなく、第一の状況が起きているのだということはどのようにしてわかるのだろうか。純粋に視覚体験だけに依拠するなら、第二の可能性は排除できない。つまり、対象が外部に存在し、それが結果としての私の視覚体験の原因だったということを確定できない。因果関係の存在を確定するためには、外部の机という対象の存在について、視覚以外の別の保証を与えることが必要となる。その候補の一つは、自分の触覚である。照明が落ちたときにも自分が手を伸ばしてみたら、机に触ることができた。照明が付けられたとき、自分は茶色の机を見ると同時に、その机に触っている自分の手も見た。だから、机は存在し、それが原因で自分の視覚体験が結果として生じたのだ。しかし、これでもまだその手の感触自体が幻覚であり、夢の中の体験のように、実はありもしないものをあると感じているだけかもしれない。机の存在がさらに実在的なものとみなされるためには、他者による証言が必要となる。これは、先に検討した音の事例で、音源の近くで音を聞いている実験者の存在が要請されたのと同様である。

このように、視覚的に把握された外界の対象の存在は、触覚という他の感覚による証言と、他の知覚者の証言により確保されてゆく。このことを知覚原因の〈間感覚的保証〉および〈間主観的保証〉と呼ぶことができるだろう。この縦描写の世界からは、基本的に色は排除されておらず、しかも知覚因果が説明できる。先の音の場合では、視覚による確認および音源の傍にいる実験者の知覚による確認で、知覚者の音知覚の原因が特定され、結果である音知覚とのあいだに因果関係の存在が確保された。しかし、この知覚因果は、音とは無関係の物理的状態から音が「発生」するプロセスとしてではなく、無音という音知覚の状態からその特定の音の知覚への「変化の検出」として理解されるので、外界や生体から音知覚を排除する必要はなかった。同じように色知覚においても、色知覚の間感覚的保証と間主観的保証によって原因が確保されることで因果関係を語り得るし、またその因果関係は色知覚を生体内で「発生」させるものではなくて、先の事例であれば黒から茶色へという「変化の検出」過程と理解することができる。

⑤8分前の太陽

それでは、8分前の太陽の事例はどのように理解すればいいだろうか。ちょうど今、赤い太陽が太平洋の水平線から顔を出したのが見えた。ところが、光が太陽から地球に到達するまでには8分ほど時間がかかるので、太陽が水平線の上に赤く輝きだしたというその時には、実際には太陽はすでに上昇した位置にいる。逆に言えば、人が見ているものは、その時点での太陽ではなく、8分前の太陽だということになるのであった。これは横描写を基本とする科学的混合描写では簡単に描写できる事態である。

主観的体験に基づく縦描写では、あくまでも太陽はその時水平線の向こうに見えている。それではこの縦描写おいて、それが8分前の太陽であることはどのように保証されるのだろうか。すぐ目の前にある机の場合には、触覚による間感覚的保証を使うことができたが、はるか彼方にある太陽を手で触って確認することはできない。

しかし、間主観的保証については、基本的には音の縦描写における保証と同様の事態があるとみてよい。音源から音が伝播してきたのであり、音源での変化が原因であるということを知るためには、音源の傍の知覚者の体験が必要だったのと同様に、光源の傍にいる人がそれを見るという事態が成立すれば、それで同じ図式が成立する。つまりここでも他者による可能的知覚が必要となる。先の音知覚の場合には、音源での音の発生を望遠鏡で覗くことで、つまり光を媒介とした情報で確認することができたが、今度は光の伝播そのものが問題になっており、また先の机の事例のように触覚の証言も使用できないから、この場合には他者の可能的知覚によって保証されるしかない。

他者の可能的知覚体験を説明の根拠に入れるということは、純粋な私の主観的体験である縦描写だけではこの説明が完結しない、ということである。実際、私の体験だけに依拠するなら、日の出はまさに今生じている現象以外の何ものでもあり得ず、それを8分前の出来事だとする理由はどこにも見つからないであろう。またそれだけに依拠するなら、そもそも8分前という数字も出てはこないであろう。8分前という物理的事実は三人称的に確認される事実であるから、ここでは他者による保証を導入せざるを得ないのである。しかし、導入されるのは、主観的で質的な体験を剥奪された、知覚者が存在しなくとも存立する世界の事実ではなく、私と同じように質的体験をもつ（と想定された）他の多くの知覚者と、そうした複数の知覚者の体験から織り成される世界である。ここでは「客観性」は科学的知覚図式のように脱質化を伴わず、むしろ質的な体験をもつ知覚者の協働から成立する間主観性を意味するものとなる。

同じことを宇宙における仮想実験で考えてみてもよい。三〇〇〇キロ離れた宇宙空間を相対速度ゼロで移動する二つの宇宙船の間で光の信号を送るとしよう。一方がスイッチを入れて信号を出してから約〇．〇一秒後に他方に届く。この場合でも音の場合と同様の構図となろう。また、やはり音の場合と同じように、縦描写を基礎とする知覚因果の説明では客観的投射の必要がない。

⑥感覚置換実験の再解釈

バッキィリータの実験も、「変化の検出」という視点から解釈できるのではないだろうか。この実験は、視知覚の成立が網膜像を必要としないことを示していた。それでは、私たちは、縦描写を基礎とした求められるべき描写によって、この実験結果をどのように理解すべきであるのか、ここで改めて考えてみよう。

この実験では、被験者が頭部付近に装着したカメラを通して得た映像が、触覚刺激の分布に変換される。その刺激分布の変動から、被験者は外界の対象の視覚像を得ているように見える。この事態は、カメラで捉えられた物理的刺激から視覚像が「発生」したことを物語っており、それゆえこの実験結果は、むしろ科学的知覚図式を推進するものではないのだろうか。しかし、本書の立場からすれば、次のように理解することも可能である。

カメラは、外界の光学的布置を捉えている。頭部に装着されたカメラの運動と共に変化するその布置の変化の情報が重要であり、それが触覚刺激の布置の変化に変換される。私たちの仮説によれば、脳は、イメージの産出機関ではなく、外界の変化の探知機関である。バッキィリータの実験では、変化が探知されると共に、外界の対象のイメージが形成されているように見える。被検査者にとって外界は、それまで対象の区別のないものであった。それは、もちろん完全に同じではないとしても、通常の視覚をもった者が暗闇にいる状態、あるいは目をつぶっている状態に比されるだろう。ここで、外界は質をもたないのかと言われれば、そうではない。暗闇の中にいても、瞼を閉じていても一定の視覚像はあり、そこにも質はあると理解すべきである。カメラによって捉えられた光学的情報とそのコンピュータによる触覚刺激への転換を通して、やはり外界の「変化」が被験者の脳によって探知されたのである。それとともに外界に関する視知覚の様相がかわり、そこには個別的対象とその運動の様子が現れた。これは、通常の視覚をもった者が、瞼を開けたことに比せられるであろう。つまり、この実験においても、視知覚は発生したのではなく、その変化が探知されたものと解釈することができる。

以上みてきたように、縦描写を基礎とする描写においては、世界は色や音を失っておらず質的なままであるが、諸感覚の相互関係および他者との関係から、知覚体験の原因となる物理的状態と結果としての知覚体験のなす因果関係もこの描写には取り入れられている。縦描写によって世界の質的、感覚的性質が確保され、かつ知覚因果も確保されるとすれば、それを基本にして世界描写を考えればよいのではないだろうか。縦描写は、本来、人が世界を見ている主観的な体験に基づいているから、人の体験に一番近い描写である。そこからどのようにして客観的な横描写へ移行するのかがわかれば、知覚を巡る先の根本的問題は解消できるのではないだろうか。

(三) 横描写の修正

それでは、横描写を基礎とする描写は禁じられるべきなのであろうか。もしそうだとすれば、マッハやギブソンが試みたような知覚者の視点からの描写のみが認められることになるが、それは世界の描写としてはたいへん不便なものとなってしまうだろう。例えば患者の目の治療をする医療者は、患者の前に置かれたさまざまな医療器具を扱って患者の視覚の状況を探査する。そのデータの状況から患者の視覚の状態を推測し、それが改善されるように処置をする。これは横描写によらなければなし得ないことである。横描写がすべて不可能だとすれば、こうした医療行為もすべて不可能になってしまう。

しかしそう考える必要はない。というのも、先の縦描写を基礎とする知覚因果の取り込みにおいても、一人称的な縦描写のみでは完結せず、他者との協働が必要とされていた。これは因果関係という三人称的な事実を取り込もうとすれば、ある意味当然の事柄であった。だとすれば、同じように三人称的な横描写を基礎としても、そこに縦描写を適切に重ねる記述方法も可能ではないかと思われる。問題は、その重ね方であろう。

つまり、横描写を基礎とする知覚因果の描写も可能だと考えられるのだが、科学的混合描写(科学的知覚図式)がやっているような混合の仕方が間違っているのであって、混合が正当な仕方で行われればよいのである。また、医療行為の場合のように、人や他の生物の感覚・知覚が問題になる場合は、科学的探究全体の一部をなしているのみである。私たちが横描写として論じてきたのは、実験者が外界の対象とそれを知覚する知覚者とをいわば横からみてその知覚の有様を描写する仕方であった。しかし世界内の複数の対象相互の関係を実験者の視点から観察する場合、つまり知覚者がその観察に入ってこない場合は、同じく実験者の視点からの世界の描写ではあるが、また事情が異なると言わねばならない。知覚因果が問題になる場面と、通常の因果関係が問題になる場面とは区別して考えた方がよいと思われるので、以下では、この二つの場合に分けて確認してみよう。

①科学的混合描写の修正——どのように重ね描くか

従来の科学的混合描写の誤りは、一人称的描写である縦描写を横描写に移入して混合描写にするその仕方にあったと思われる。つまり、知覚者の場所にのみ縦描写の質的世界を閉じ込めて移入するというやり方が誤っていたのである。主観的描写を移入する場合には、その描写における知覚中心を定めて、その知覚中心からの縦描写を重ね合わさねばならない。（ただし、縦描写は本来知覚者本人にしかわからないものであるから、これはあくまでも何らかの仕方で推測されたものに過ぎない。）知覚者における林檎の知覚を説明しようと思うのであれば、知覚者を現実的知覚中心、その周囲を可能的知覚中心の広がりとする縦描写を重ね合わさねばならないのである。そうすると、林檎から反射した光が知覚者に到達する前にも知覚者の質的世界知覚は行われているので、例えば部屋が暗くて林檎が見えない場合には、知覚者には暗い部屋が質的に知覚されている。そのように描写せねばならない。照明がついて林檎が見えた場合には、またそのように描写されねばならない。いずれにせよ、世界は一定の知覚中心からしか質的に描写されない。そしてその描写は世界全体に亘る。すなわちその描写においては全世界に質的性質が行き渡っている。[13] 混合に際してはこのような特性を備えたまま、横描写に移入されねばならないのである。林檎と向かいあっている知覚者の脳内にだけ赤い林檎のイメージを移入するのではなく、その知覚者の縦描写全体を、すなわちその知覚者からみた全世界の質的描写をそのまま横描写に移入しなければならない。従来の横描写に基づく説明は、質的世界描写を知覚者の場所だけに切り詰めて置き入れていたので、世界から質的性質が剥奪されてしまったのである。また、脳内に移入された質的描写は、外部世界に客観的投射を行う必要があったが、ここではその必要がないことも明白である。最初から世界全体に質的描写が重ねられているからである。

このことをわかりやすく図示してみよう（図12〜13＝口絵参照）。ある知覚者が遠くにある黄色の信号を見ている様子を、横描写を基礎とする混合描写で表すことを考えてみよう。従来の科学的混合描写であれば、外界に実在するとされる信号そのものには物理的状態のみが帰属させられ、黄色という色をもった信号のイメージは、知覚者の脳内のどこかで発生するものとして知覚者の位置に書き入れられる。しかし、今t1（図12）の時点で知覚者に黄色い信号が見えているとすると、この知覚者の知覚体験全体が横描写にそのまま混合されねばならない。図では簡略のため信号にのみ着色しているが、もちろん実際には周囲全体の色が知覚されている。（ただし、縦描写では自分の目は質的に知覚されていないから、本当はこの図のように自分の目の色は分からないので、この図は不正確なのだが、今はこのように書いておく。）信号から発している光の波長等の物理的状態αの記述は、従来の横描写と同様である。従来との相違は、脳内にのみ書き入れられていた知覚者の縦描写を横描写全体に重ねたことである。

次の時点t2（図13）において信号の物理状態が変わったとしよう。（媒質や生体の生理学的状態に変化はないものと仮定しておく。）この物理状態βは、知覚されるならば普通赤い色として知覚される状態である。しかし、この時点t2においてはまだこの対象の変化は遠くにいるこの知覚者によっては検出されていない。それ

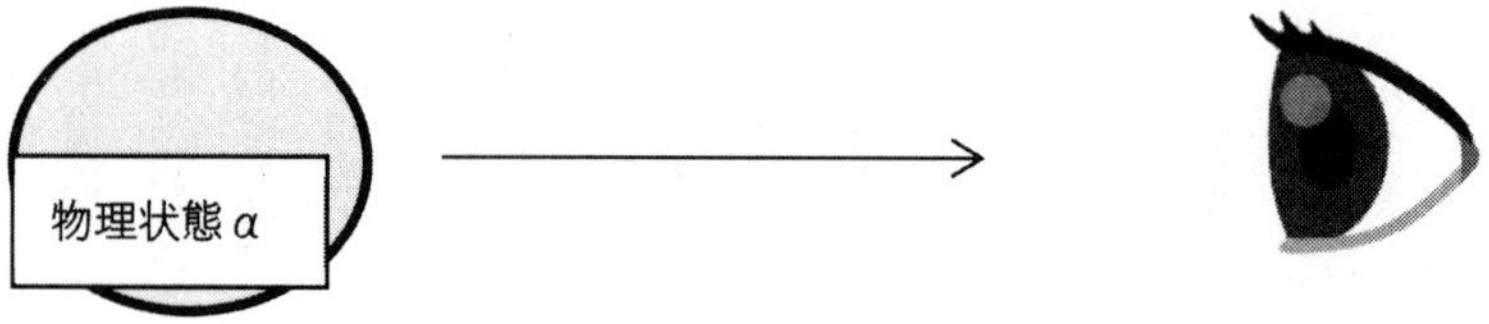

図 12　t1 の状態

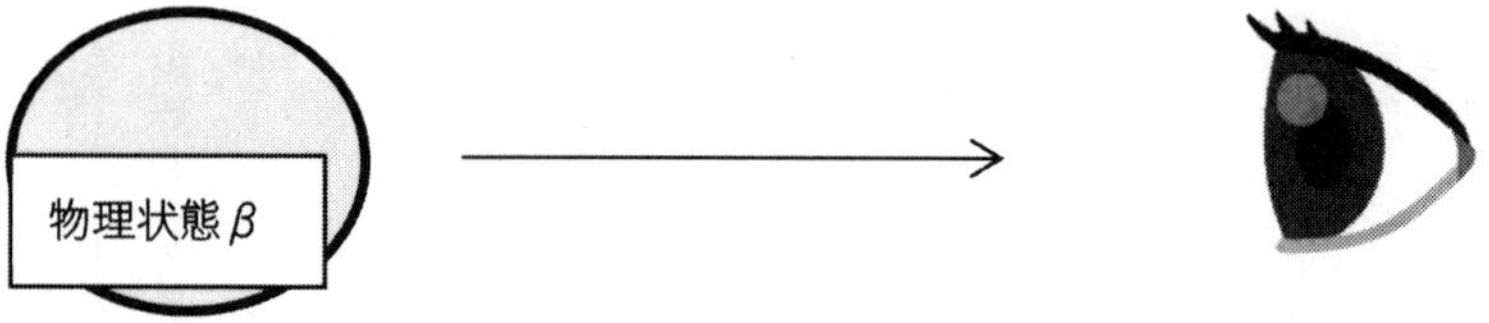

図 13　t2 の状態

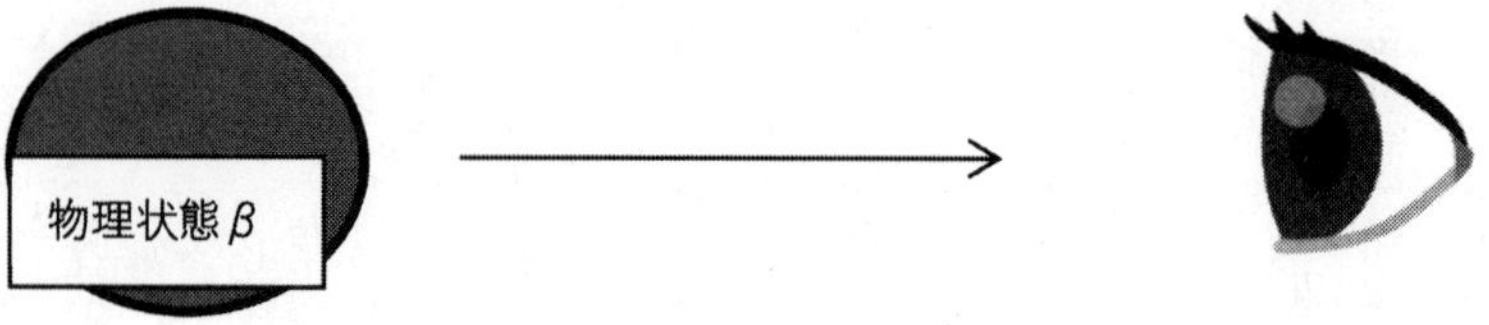

図 14　t3 の状態

ゆえこの横描写に重ねられる知覚者の縦描写は、t1におけるものと変わらないものとなる。

この信号の物理的変化が知覚者に伝播して検出され、知覚者の縦描写が変化し、赤い信号が見られている状態がt3（図14）である。

このような混合の仕方に特徴的なのは、t2において物理状態と、それに重ね合わされる質的知覚に齟齬が生じていることであろう。物理的状態の変化はすでに生じているが、知覚の様相は時間的に遅れてそれを追いかける形になる。

縦描写の質的知覚の様相をこのような仕方で横描写に重ね描くならば、知覚過程について科学的探究の成果は否定されることはなく、また外界から質的性質が剥奪されることも防げるのではないだろうか。

②実験者の視点からの非知覚的場面の描写

このような混合描写が必要なのは、知覚過程の描写に限られることにも注意しておく必要がある。物体の運動に関する記述、例えばガリレオの落体の法則であれば、問題になるのは自由落下する物体と、その地面からの距離などであって、知覚者はこの記述の中には入ってこない。もちろんその物体の運動を捉えようとしている実験者、つまりボールを斜面上で転がし、水時計を使って時間を計測しているガリレオの知覚は必要だが、この実験者の知覚の一人称的要素は、記述される運動体の描写の中には入ってこない。このような場合、実験者の質的縦描写、つまりガリレオが見ているボールや斜面や水の色、音、などは彼の落体の法則からは捨象される。それらの色や音や手触りはガリレオ一人にとってのもので、この実験を追試する別の実験者のものではない。だからこのような場合には、ガリレオが見ている色や聞いている水の音は記述から除外されることになる。そうして三人称的に記述できる性質だけが残されるわけである。

しかし、このような横描写は、当初から世界に色や音があることを前提し、そこからしか開始されえない。ただそれらの存在が考慮の外に置かれ、いわゆる客観的な記述から除外されているだけである。記述から除外されているということから、世界には本来色も音も一切の質も彩りもないということを主張できるわけではない。脱質化された世界が実在すると考えるのは誤解であり、実際に行われているのは、感覚的諸性質を考慮の外に置くということだけである。

それゆえ、このように知覚者が描写に入ってこない場合[14]では、実験者は自らの質的縦描写をそのまま世界に重ねておいて問題はない。なぜなら色や音などはそこでは問題にされないからである。ガリレオにとっては、時間と通過距離の数値が分かれば、そこから落体の法則を導くことができた。だから、ころがるボールや斜面の色はどんなものであっても問題はなく、ガリレオが見るボールの色と追試者が見るボールの色が同じであっても違っていても問題はない。しかしそれは問題がないということであって、ボールに色が存在しないということではない。この場合でもやはり、実験者は自然の法則を探究できるし、しかも世界から質的性質を剥奪する必要もない。

第四節　いくつかの反常識的帰結の検討

(一) 外界に広がる心

知覚過程に関する科学的説明を生かしつつも、外界に色などの質的性質を返すという私たちがこれまで目指してきた世界の叙述は、近代以来の科学的知覚図式を修正するものであることはすでにみてきたところである。しかしそれは、たんに近代以降の科学的な世界像を修正することに留まるものではなく、いくつかの点で私たちの常識[15]を修正するものでもある。最後にそのことを確認しておきたい。

私たちは、普通、心というものを自分の身体の場所に位置付けている。常識は、心とは何かということを厳密に定義することなしに、それが身体と一緒になって私たち自身を形作るものだと考えている。しかしこれまでの検討から、私たちが心として理解しているものがいかなるものであるかが浮き彫りになってくる。またそうした心の理解に反して、心が私たちの身体を超えて外部世界へと広がるものであることが帰結してくる。

①科学的知覚図式における心とその場所

科学的知覚図式が語られるとき、心という言葉が用いられることは少ない。しかしまずこの図式において心がどのように理解されることになるかを確認してみよう。先に辿ったように眼球に入った光は網膜で電気的信号に変換され、それが視神経、大脳の視覚野へと伝達されてゆく。そして色や形を備えた視覚像が脳内のどこかで「発生」するとされる。しかしその視覚像は、脳内を探しても見つからない。なぜなら脳の状態は、多くの実験者が三人称的に確認できる物質的な状態であって、それに対して知覚者が体験している視覚像は、その知覚者本人にしかわからない一人称的なものだからである。もちろんこのことは視知覚に限らない。もう一度ペンフィールドの実験を思い起こしておいてもよい。部分麻酔をかけられて脳を切開され、側頭葉を微弱な電流で刺激された患者はあるメロディーを聞いたが、それを聞いていたのはこの患者だけで、彼女がハミングでそれを再現してみせて初めて、ペンフィールドも看護師たちも、それがよく知られているメロディーであることを理解したのであった。

このような一人称的な体験をしている主体を「身体」であるといって済ませることはできない。というのも「身体」の状態ならば、三人称的に確認できるからである。電極が刺激した側頭葉の部位の状況ならばペンフィールドも看護師たちも確認できる。しかしメロディーの知覚はその患者だけの一人称的な体験であるから、この体験をしているものを三人称的に確認可能な身体と等号で結びつけることはできない。これは、身体とは区別される何ものかであると考えざるを得ない。

こうした一人称的な体験の主体こそ、私たちが心と呼んでいるものなのであろう。ここで「主体」という概念を使わざるを得ないのは、一人称的な体験が時々刻々変化して、その内容が変わってゆくからである。今、ある知覚者が、すぐ目の前に赤い服を着た一人の女性がいるのを見ているとしよう。今度は彼女が去って、白い犬が現れてワンワンと吠えている。鏡がものを映すように一人称的体験の内容は変わってゆく。そのような内容の変化にもかかわらず、そうした体験の時間的変化を通じてその体験の基盤となっている場所のようなもの、これは知覚場といってもよいようなものだろうが、そうした基体を想定しておく必要が出てくる。基体とか主体とか言っても鏡のように固体的なものの存在が想定されているわけではなく、鏡はあくまでも一つの比喩に過ぎない。しかし、そのように変化してゆく内容を映す主体が、「心」ということで私たちが理解しているものの一つの姿[16]である。

このように三人称的な身体状況とは区別される一人称的な知覚体験の主体、すなわち「知覚場」としての「心」は、「私」あるいは自我の意識とは異なっていることに注意しておかねばならない。というのも、「私」あるいは自我の意識もまた、まさに一人称的で、世界に唯一のものであるが、この「私」の場所は常に身体の場所にある。ところが、先の目の前を通る女性や犬の視覚体験は、私自身の身体をその体験の内部に映し込みながら、私の身体を超えて世界に広がっている。私が夜の星を見ているとき、宇宙に広がるこの視知覚の体験は、私が目を閉じれば一瞬で消えてしまうが、「私」は瞼のこちら側にまだずっと存在している。視覚的な知覚場は瞼の裏に収まったが、「私」がずっと瞼のこちら側にいたことに変化はない。知覚場としての心は、自我としての「私」とは異なる何かである。

さて、私たちが心という名で名指しているものを今、この一人称的体験の主体、ないしは知覚場だと理解しておくと、科学的知覚図式である科学的混合描写がやろうとしていたことは、この心を私たちの脳内に閉じ込めることであったわけである。

②常識における心とその場所

本書はこのような科学的知覚図式を修正し、色などの質的性質を外界に返した。そしてその点においては、本書の立場は、常識や中世までの知覚論と共通している。しかし、心をどこに位置付けるかという点においては、私たちがこれまで行ってきた説明は、常識には反することになる。

私たちが何気なく生活しているときには、私たちは心というものをやはり自分の身体の場所に位置付けているだろう。しかしそれは科学的知覚図式のように、知覚の物理学的・生理学的仕組みの解明を通してそうするというわけではない。

常識的立場において、心という名のもとに考えられているのは、多くの場合まさに考えている主体である。私が本書の主題について思いを巡らしているとき、言葉を口には出さないが、頭の中であれこれと内的な言葉を発している。この言葉は、私の足の方ではなくて、何か頭の中で発せられているように思われるし、私の身体がどこに移動しようとも、私の頭の中ほどをこの言葉はついてまわってくる。この言葉が行き交っている場所、私が言葉でもって思いを巡らせている場所、常識的にはそれが心であり、心の中なのである。しかし、もちろん常識が心と名指しているものは思考に限られるわけではなく、感情や意志もそうである。感情や意志となると、今度は少し、身体の胸のあたりや腹のあたりとも関係しているような気がする。いずれにせよ、こうした思考、感情、意志は、私の身体の位置と結びついているように思われるので、心の場所は、自分の身体の位置と重なっているように感じられるのである。

では常識的立場において、感覚し、知覚する心は、どこにあると言うべきだろうか。常識は、色などの質的性質を外界に帰属させているが、例えば緑の樹は緑という性質をもって実在しており、つまりそれを知覚している私とは関係なく存在していると考えている。これは、色や音など、私たちが見聞きした通りの性質をもつ事物が外界に実在するとみなすいわゆる素朴実在論の立場である。この場合、緑の樹が外界に実在しているので、私が見ても緑であり、他人が見ても同じように緑に見えると想定されている。つまり、常識においては、その樹が持つ緑色という質的性質は、三人称的なものであって、私だけが知覚する一人称的なものではない。するとと当然、この緑の樹は、一人称的な体験の主体である心とは関係なく、実際に緑の樹がそこにあるだけだということになる。常識の立場にとっては、私も人も同じ色を見ていると考えているから、色などの質的性質の一人称性は、ほとんど問題になっていないのである。もっとも、知覚体験を想起するときの記憶像や、あるいは自由な空想を巡らすときのイメージ体験などは、他ならぬ自分自身にとっての体験であり、それゆえ自分の一人称的な心の体験だとされるであろう。しかし、その場合も、これらのイメージ体験をする心は、やはり身体の場所、特には頭の中と考えられている。

このように常識が自分の心と考えているのは、自分の思考や感情や意志や想像の主体であって、それらは自分の身体の場所にある、と漠然と想定されている。外界の知覚像は私だけがもつ一人称的なものとは考えられず、それゆえ心やその在りかの判断根拠には入って来ていないように思われる。

しかし、人が見たり聞いたりするままの質的性質をもった物体が実在するという素朴実在論的な考えは否定されざるを得ない運命にある。というのも、日常的な経験によっても、また生理学的な探究によっても、対象が持つ色などの質的性質は、自分の身体との関係においてしか存在し得ないことがわかるからである。例えば、サントニンを多量に服用したときに視界が黄色く見える黄視症という副作用が知られている。また、色知覚を司る脳の部位が損傷を受ければ、その人の色知覚体験は、激変するだろう。その点で、外界および生体の双方の条件によって色知覚などの質的体験が成立すると考える科学の立場は正当である。かといって、その外界と身体双方に関与する一人称的体験の主体つまり心を、科学的知覚図式が主張するように身体の脳内のどこかに位置付けるべきではないことは繰り返すまでもない。

③外界に広がる心

色や音などの質的体験は一人称的なものであって、それを三人称的に確認することはできない。そうした一人称的な性質が外界に帰属しているということは、とりもなおさず、一人称的な体験の主体である心が、脳内や身体の場所にとどめ置かれているのではなく、身体外の世界へと広がっていることを示している。本章で試みてきた縦描写を基礎とする知覚過程の描写においては、色などの質的性質は身体の外部へ、世界全体へと広がっていたし、この縦描写を横描写に重ねる場合でも、縦描写の質的世界は横描写の身体の内部に移入されるのではなく、世界全体に重ねられねばならなかったのである。このことが意味するのは、一人称的な体験の主体である心が、世界全体に広がっているということに他ならず、そのときの世界全体は、「知覚場」として存在しているということに他ならない。

外界に質を帰し、この質が観察主体との関係においてしか存在し得ないとすれば、完全な実在論というものはもはやあり得ないことになろう。そしてもし私たちが、色を見ている主体、音を聞いている主体を心と呼ぶのならば、私たちが色や音を外界に帰属させ、それらが知覚主体とのかかわりでしか存在しないと考える以上、外界はそもそも心的な性格を帯びることになる。

(二) 世界の質的あり様の非絶対性と非相対性

色づき、音に満ちた世界のあり様は、知覚者本人の視点からしか描写されない、世界で唯一の縦描写であった。私は緑の樹を見、青い空を見ているが、この世界の色合いは他の人と比較することはできない。科学的知覚図式を否定して世界に質的性質を返すとき、返される質的性質のあり様は、まさにこの私が見ている樹の緑であり空の青である。そしてこの点は、常識的立場でもそうであろう。私が常識的に生きているときもまた、私の目の前の樹は私の見ている通りの緑色をしており、空も私の見ている通りの青である。しかし、常識は、そうした緑の樹や青い空が実在していると想定しているので、いわば世界の質的性質を固定化し、絶対化している。もちろん緑の樹は秋になれば紅葉するかもしれないし、青い空は急に黒雲に覆われるかもしれない。しかしその場合にも、私が見る紅葉の色、黒雲の色が、世界の定まった色である。

私たちが本章で追究してきた知覚描写も、唯一の質的描写である私という知覚者からの縦描写の質的あり様を世界に帰属させるのであるから、これもまた、世界の質的あり様を固定化し、いわば絶対化するのであろうか。私が赤い林檎を見ているなら、その林檎はまさに私が見ている赤さしか持ちえないのであろうか。そうではないであろう。というのも、確かに縦描写は唯一的なものではあるが、別の縦描写の存在可能性が否定されているわけではないからである。

先の信号の事例では、横描写において記述される信号から出る光の波長が変化すると、その変化が知覚者の生体で探知されて、その時点で横描写に重ね描かれる縦描写の質的あり様が変化したのであった。そこで私たちは黄色から赤へと信号の色が変わったことを知覚する。そして私たちは、この知覚場の変化が光の波長の変化に対応していることも理解しているので、光の波長と私の色知覚に一定の関係があることを承知している。

つまり私たちには素朴実在論にはないこのような対応関係の理解があるので、ここから例えばヒトが知覚することのできない紫外線を蝶が見ていることを推測できる。それは私には見えないので、私の縦描写には入ってこないが、波長にはそれに対応した色知覚が存在する可能性を私は理解しているので、紫外線は私には見えないけれども蝶の視覚組織ならばそれを捉えることができるのだろうと、別の質的描写の存在可能性を理解できるのである。聴覚でも同じことである。一般に子どもは大人には聞こえない高い音を聞くことができるが、成長すると聞こえなくなる。成長した私には聞こえないが、私が世界の音を体験する聴覚的知覚場のその唯一性は、それとは異なる子どもの質的体験の存在を否定するものではない。そえゆえ、本書による知覚過程の描写は、常識とは異なって世界の質的あり様を固定化し、絶対化することはない。

しかし、それではこのように他の縦描写の存在可能性を認めるということは、逆に世界の質的描写を相対化することになるのかというと、そうでもない。というのも、ここで生じている事態は、おそらく普通の意味での相対性という概念には当てはまらないものと思われるからである。例えば大地上で静止している人の目から見て時速百キロメートルで走っている電車があるとすると、この電車は、時速六〇キロメートルで同方向に並走する自動車からは時速四〇キロメートルで走っているように見える。これは対象の運動速度が観察者の運動速度と相対的に決まるからであるが、こうした相対性が主張される際には、大地上で静止している人および自動車から見た電車の運動速度の二つの速度が明確に把握されている。そして電車の速度が、これら二種の視点の運動状態に関連している（relate）ことから相対性（relativity）が主張できるわけである。しかし、この電車の速度の事例と紫外線の知覚の事例を比較するなら、知覚世界の質的あり様の場合、電車の見かけ上の速度に相当する紫外線が与える知覚の質的あり様は、私のものしかわからない。つまりそれが見えないというあり様しか把握され得ず、蝶が実際に見ているあり様は分からない。だから紫外線の見え方は、私と蝶とで相対的であるとは、普通の意味では言えないわけである。地上に静止している人と自動車で走っている人双方に対する速度が判明しているような仕方で、紫外線の二種の見え方が判明しているわけではないからである。このことは、何も紫外線や超音波といった私たちにとって特殊な事例を持ち出すまでもないことである。私の隣にいる友人の色体験や痛みの体験を私は体験できないのだから、ここでもまた、先の相対速度の事例と同じような仕方では、私の感覚体験と他者の感覚体験が相対的であるとは言えないわけである。

私たちが世界に唯一的な質的性質を返すとき、それは常識の採る素朴実在論のように世界の質的あり様を固定化し、絶対化するのでもなく、かといってそれを単に相対化するのでもない、独特のあり方をしていると言うべきであろう。

(三) 心あるいは知覚場の無始無終性

①知覚の連続性

私が真っ暗な部屋の中にいて、それから照明のスイッチを入れる場面をもう一度思い起こそう。スイッチを入れた途端に、私は眼の前に茶色の机があることを見いだす。このとき人はしばしば、机の知覚が発生したのだと考える。それまでは机は見えておらず、今は見えているのだから、なるほど確かに「机」の知覚は、新たに登場したと言えるのであろう。それゆえ人はこの知覚の発生を、スイッチが入れられることによる反射光の眼球への到達とその後の生理学的過程によって説明することになる。科学的知覚図式では大脳皮質の視覚野を進んで行く情報によってどこかで知覚像が「発生する」と考えられた。

それに対して私たちは、知覚のこの「発生」を否定し、生理学的過程によって把握されたのは知覚の「変化」であると理解した。というのも、部屋が真っ暗であるとき、確かに机は知覚されていないが、知覚が成立していないかというと、そうではなく、まさに「暗闇」の知覚が成立している、とも言えたからである。知覚がまったく成立していないのであれば、目の前が「暗闇」であることすらわからないであろう。目を開けても何も見えない状態であるということ、目の前が真っ暗であるということは、それ自体が一つの知覚状態なのであって、知覚はすでに成立しているのである。それゆえ照明のスイッチを入れて後に初めて知覚が発生したとは言えない。

私たちが常識的に生きている時に、知覚が発生したり消滅したりすると考えたくなるのにはもちろん理由がある。それは、私たちの日常的な生活が、周辺から区別される物や人の知覚を基に成り立っているからである。周りの空間から区別される人や物の認識を欠いては、私たちの日常生活は立ち行かない。向こうの建物の陰から出てきた人がしばらく会っていない友人であることに私は気づいて声をかける。この周りからは区別される「友人」の知覚は、私の体験の時間的流れの中のある時点で登場してきたものであることは否定できるはずもない。しかし、私の知覚体験そのものがそれ以前から連続していることも確かなことである。その友人が姿を現す前には、その辺りには誰もいなかったが、街の風景はもちろん見えている。昼の明るい空間の中で、知覚が連続していることは誰でも納得するだろう。しかし、光がなくなったときには、私たちはもう知覚していないと思いたくなる。それは、そうした周囲から区別される人や物といった個別的対象の認識が暗闇の中ではまったく成立しないからであろう。けれども先にも述べたように、実はそうした個別的対象がまったく区別できない「暗闇」の知覚は成立していなければならない。点灯していた照明を消したときも同じである。物や人の知覚は消え去ったであろうが、知覚そのものは消失してはいない。この暗闇の知覚が存在しないと、それまで目の前にいた人の知覚が消失したという事実も、実は認識されることはできないからである。私がこの人の姿の「消失」を認識できるのは、人が知覚されていた姿と、その輪郭が暗闇の中でわからなくなった状態とを対比するからであって、暗闇の知覚がなければ、その人の姿が消失した、とも言えない。その意味で暗闇は確かに知覚されていなければならない。

私たちの身体が備えている知覚に関する生理学的仕組みの役割は、知覚を「発生」させることではなく「変化の検出」であるという上述してきた立場が意味するのは、知覚は脳の中でいつか発生するのではなく、世界において連続的に成立し続けている、ということである。そしてこのことは今見たように、科学的知覚図式に抗することになるだけではなく、私たちの常識的な知覚の見方にも抗することになる。

なるほど、知覚は私たちが日常的にそう考えているよりも、連続的なのだと認めるとしよう。しかし、さらに進んで、知覚は始まりもしないし終わりもしない、と主張するとすれば、どうだろうか。知覚は部屋の照明のスイッチが入れられる以前から存在し、スイッチが落とされた後も続く。しかしそれはどこから開始され、どこで終了すると言えばいいだろうか。どう考えるにしろ、常識はやはり知覚はどこかで始まり、どこかで終わると考えている。

②知覚の無始無終性

私たちが目覚めているとき、周囲が明るくて人や物がよく見えようが、暗くて何も見えなかろうが、知覚は連続している。それでは私たちが眠りに就く時はどうであろうか。あるいは何らかの原因で、私たちの意識が昏睡状態に陥る時はどうであろうか。部屋が暗くとも部屋の暗さは知覚されている。瞼を閉じても、茶褐色の視界はまだ存在する。しかし私たちの意識が落ちる時、私たちの知覚もまたそこで終わる、と言うべきではないのか。しかし、私たちの知覚全体あるいは「知覚場」ないし心がそのように消失する場合と、知覚されている何らかの出来事が終了する場合とでは、相違があることもまた確かである。

例えば、目の前で「火事」という「出来事」が「発生」し、私がそれを見ているとしよう。それまで火がなかった家が燃え始め、みるみる火がひろがり、建物全体が炎に包まれてしまう。消防車がかけつけて消火活動をした結果、一時間後に「火事」という「出来事」は「消滅」した。人はこの「出来事」の「発生」を、炎を目で見、焦げ臭い匂いを嗅ぎ、ぱちぱちとはじける音を聞いて知るだろう。また「消滅」についても同様である。このような「出来事」は「知覚場」の中で空間的・時間的な広がりをもっている。また「出来事」が「発生」する以前の過程と「出来事そのもの」の「生起」している過程、また「出来事」の「消滅」以後の過程が区別されている。発生以前の状態・生起している状態・消滅以後の状態の三者が区別されているのが、「出来事」の基本的特徴だと言える。

その一方で、人が深い眠りから「覚醒」するとき、また深い眠りへと落ち「就眠」するとき、変化しているのは「知覚場」において生起している「出来事」ではなくて「知覚場」そのものである。知覚場における出来事については、人はその出来事について上記三つの状態を区別できるが、知覚場そのものについてはそうではない。私たちが深い睡眠に落ちるとき、知覚場全体が消滅した後の状態を「出来事」の場合のように確認できないし、「覚醒」の場合も、覚醒以前の状態を確認することはできない。つまり、通常の意味においては、この「知覚場」は、始まりも終わりもしないのである。もし始まりや終わりがあるなら、その時点を私たちは指し示すことができるだろう。火事や目の前に現れた友人等々を捉える個々の知覚は時間的な始点と終点をもち得るので、火事の発生時刻、友人が去った時刻を私たちは言うことができる。しかし自分が入眠したのはいつか、を自分で言うことはできない。

では何故ひとは、にもかかわらずしばしば意識の「発生」や「消滅」について語るのだろうか。その基本的な原因は、本来一人称的な唯一のものである知覚場や意識の次元に、実験者からみた描写を持ち込み、「客観的（間主観的）時間軸」を導入するからである。次のような事例を考えてみよう。私は非常に疲れていて、夜眠るために横になり、目を閉じると同時に深い眠りに入った。次に瞼を開くと朝になっており、私は目覚めた。私の意識としては、目を一回閉じ、また目を開けただけであり、その間の時間の経過はまったく知覚されていない。つまり、意識としては一回の瞬きをはさんでずっと覚醒状態が継続しているのである。したがって、主観的体験としてはここには知覚場の「消滅」も「発生」もない。ところが、一緒に暮らしている家族の証言では、私は夜の八時から朝の八時まで十二時間眠っていたという。その間に半日という時間が経過したのだと。このことは、私が眠るとき外は暗く、起きたとき明るかったという事実によっても補強される。こうした証言と証拠から、私の知覚場は一回「消滅」し、また「発生」したらしいと考えることになる。この時、主観的に直接意識されていない「消滅（入眠）」後の状態や「発生（覚醒）」前の状態というのは、他者の意識を導入することによって客観的に導入されることになる。これは私たちが先に見た実験者の視点からの横描写である。この横描写の導入なしでは、知覚場には発生も消滅もない。言い換えれば知覚場ないし心は始まりもしないし、終わりもしないのである。

③誕生と死

同じことは、誕生による知覚場の獲得と死による喪失についても言える。私たちは、自分の意識が初めて目覚めた時がいつか、自分が知覚場を獲得した時がいつかを言うことはできない。また私たちがもう二度と目覚めなくなる時がいつかを言うこともできない。それを言うことができるのは、実験者の視点から横描写をする者だけである。

だから、私たちが、私たち自身の意識や知覚そのものの開始や終焉について語ろうとするとき、私たちはもはや純粋な縦描写の立場から自分の知覚を描写しているのではなく、すでに自分を客観視する横描写の視点から見ているのだと言わねばならない。それでは横描写から見たときの開始や終焉にあたるものは、純粋な縦描写においてはどのように呼べばよいのだろうか。そう考えたとき、これらは本来、言語を越えたものであることがよくわかる。というのも、言語は基本的に横描写に属するからである。言語はまず間主観性を前提とする。また言語が名指すものは繰り返し名指され得るものであって、反復可能性をも前提とする。「入眠」「覚醒」あるいは「誕生」「死」と言うときにもすでに横描写が導入されており、縦描写だけの記述を名指してはいない。というよりもむしろ、縦描写の中だけでこうした事態について語ろうとするのは、本来、不可能なのである。他者からの視点を排除して、純粋な縦描写のみに立ったとき、私たちの心ないし知覚場は、出来事がそうであるような意味では生まれる（発生する）とも言えず、死ぬ（消滅する）とも言えないのである。

第五節　今後の課題——結びにかえて——

自然科学的に探究される世界の三人称的で客観的な解明と、私たちが世界についてもつ一人称的で質的、感覚的性質の存在を調和させるために本書が行ったのは、両者の関係についての解釈を修正することであった。すなわち、科学的知覚図式では、三人称的で客観的な記述は世界の実在的なあり様を記述するものとして世界の側におかれ、それに対して一人称的な質的、感覚的性質はそれらを原因として知覚者の脳内に位置付けられていた。本書はそのように脳内に位置付けられ、そこで「発生」するとされた色や音などの一人称的で、質的性質を世界の側に返した。それとともに、そうした質的性質は脳内で「発生」するものではなく、むしろ世界に恒常的に帰属するものであり、またそうした性質の基体と想定される知覚場あるいは心は世界に拡がるものと理解された。それゆえ知覚過程は、外界に存在する質的性質の「変化の検出」として解釈し直されることになった。

世界はこのとき、三人称的な性質と一人称的な質的性質とをともにもつものとなったが、この二種の描写をどのように重ね描けばよいのか、という点も検討された。すなわちまず縦描写を基盤として世界の質的、感覚的性質が確保され、その上で、間感覚的保証や間主観的保証によって特定の知覚外の原因の存在が確保され、縦描写の中に知覚因果が取り込まれることになった。またこのとき知覚者の周りの空間は、幾何学的な空間ではなく、可能的な知覚中心の連続とみなされることになった。横描写に知覚者の主観的世界が重ね描かれる場合には、知覚者の脳内にのみその縦描写が移入されるのではなく、世界の全体に重ね置かれねばならない。その場合には世界の側の物理的変化と、それに重ね合わされる縦描写の間に、時間的齟齬が生じることも確認された。

しかし、これはいわば、三人称的な世界描写と一人称的な世界描写をどのように重ね描けばよいのか、その重ね方を修正することによって二種の世界描写の調和を図ったに過ぎないとも言える。というのは、この二種の描写が本当のところどのような関係にあるのかという問題には、本書はまったく踏み込んでいないからである。例えば、一本の弦を張ってそれを指ではじくと音が鳴る。張り方やはじく強さを調整すれば、振動数や振幅を変えることができ、それに対応する形で私が聞く音の高さや強さが変化する。また、弦の種類を替えれば音色を変えることもでき、その変化はオシロスコープなどによって波形の変化として把握することができる。弦の種類、振動数、振幅を外界に実在する物理的性質とし、それを原因として脳内に一定の高さと強さと音色とをもった質的感覚として音が発生するという科学的知覚図式を本書は捨てた。音は外界に存在する性質として、ただし常識がそう捉えるように聞かれた通りに実在するのではなく、音を聞く知覚者との相関において外界に存在する。その意味で心あるいは知覚場は世界に広がっているものと考えられたのである。物理的性質はまた物理的性質で、感覚的諸性質から切り離されて存在し得るものではなく、常にそれらとともに観察されながら、しかも三人称的な性質としてそこから取り出されるものだということになる。では一方ではそのように三人称的に確認され得る性質があり、他方では一人称的にしか確認できない性質があるのはどうしてなのだろうか。それらは本当のところ、どのような関係を形成していると言えばよいのだろうか。例えばベルクソンには両者を関係づけようとする試みがあるが、その是非の検討も含めて、この根本的な問題に本書ではまったく立ち入っておらず、こうした問題は、今後の探究課題として残さざるを得ない。

また、この問題とも関係するが、私たちはまだ本書冒頭で掲げた目標地点からは遠いところにいることも確かである。というのも、私たちは世界に質的、感覚的性質を返そうと努力してきたが、仮にそれが成功しているとしても、それはまだ私たちが生きる世界の基盤をようやく取り戻したに過ぎないからである。賢治の「たった今できたばかりのように、うるうると盛り上がる」山を思い起こしてみよう。私たちの生きている世界は、色や音や手触りなどの彩りに満ちているだけではなく、私たちの感情を吸い込んでそれと一体となり、あるいはその時空は時として歪み、収縮し、膨張し、幾何学的時空とはまるで異なった様相を呈する。それら異質な二種類の時空がどのように交錯し、切り結ぶかを見届けてこそ、初めて詩と科学とが融合するイーハトーブも垣間見えてくるに違いない。けれども外部世界に感覚的性質を取り戻す本書の試みに幾分でも見るべきものがあるとすれば、そこに至る一里塚は、確かに築かれたものと思いたい。

注

（1）George Berkeley, *An Essay Towards A New Theory of Vision*, in A. A. Luce and T. E. Jessop (eds.), *The Works of George Berkeley Bishop of Cloyne*, Vol.I, London, 1948, Sec. 116.

（2）横描写は質的横描写と非質的横描写とに分類されるが、前者は、他者が何かを知覚しているのを観察者の視点から質的に描写するもので、これは客観的描写とは言えず、あくまで観察者の視点からの主観的描写である。また、主観的なものと客観的なものが対置されるときには、後者により高い価値が置かれることが多い。たんに主観的なものは退けられ、客観的なものに依拠することが推奨される。しかし、本書の主題は、まさに近代以降の客観的な知覚論に重大な困難と矛盾が含まれ、知覚のいわば主観的な質的特性を回復しようとするところにあるのだから、こうした価値判断を伴う用語法はかえって混乱を招くと思われるのである。

（3）エルンスト・マッハ『感覚の分析』法政大学出版会、一九七一年、一六頁。

（4）J.J. Gibson, *Ecological Approach to Visual Perception*, Houghton Mifflin Company, 1979, p. 119.

（5）ワイルダー・ペンフィールド『脳と心の正体』文化放送開発センター出版部、一九七七年、六〇～六一頁。

（6）野矢茂樹は、すぐに見る二種類の混合描写を区別していないが、知覚に関する科学的説明が、混合的性格をもつことを正しく指摘している。野矢茂樹『心という難問－空間・身体・意味』二〇一六年、講談社、二八六頁。

（7）以下、デカルトの『屈折光学』（一六三七年）を見るが、この種の実験を初めて行ったのは、ドイツの修道士C・シャイナーで、一六二五年のことだったという。鳥居修晃『視覚の心理学』サイエンス社、一九八二年、四頁以下、参照。

（8）*Œvres de Descartes*, publiées par C. Adam & P. Tannery, Paris, 1996, VI, pp. 115-116.

（9）S. E. Palmer, *Vision Science: Photons to Phenomenology*. MIT Press, 1999, p. 85.

（10）横澤一彦『視覚科学』勁草書房、二〇一〇年、五頁。（　）内は他の文献への参照指示であり、省略した。

（11）Descartes, *op. cit.*, p. 118.

（12）以下、視知覚の生理学的過程に関する概要は、以下の数点の文献に依った。日本視覚学会編『視覚情報処理ハンドブック』朝倉書店、二〇一七年。篠森敬三編『視覚I－視覚系の構造と初期機能－』〈講座〈感覚・知覚の科学〉1〉朝倉書店、二〇〇七年。村上元彦『どうしてものが見えるのか』岩波書店、一九九五年。金子隆芳『色彩の科学』岩波書店、一九八八年。

（13）ここで問題になっている場面は、知覚者の一人称的な体験を、実験者の視点からの横描写に重ね合わせるという事態である。したがって、ここで「全世界」に知覚者の一人称的体験の質的性質が行き渡っていると言っても、それは知覚者によって一人称的に体験される「全世界」に過ぎない。三人称的に確認される宇宙全体やその細部の詳細を一人の知覚者が視野の内におさめることなどできないのだから、そのような重ね合わせは不可能であって、ここで描こうとしている事態もそのようなものではない。知覚因果が問題になる場合も、次に扱う非知覚的場面でも、重ね合わせが可能なのはあくまで知覚者を中心とする縦描写が届く範囲の世界であるが、それはその縦描写にとっては、「全世界」なのである。

(14) 知覚者が描写の中に入ってくる場合でも、知覚者の知覚内容が問題にならない場合には同じことである。例えば、光学系としての目の仕組みが探究される場合、そこでは知覚者の知覚内容はいまだ問題にならない。それゆえ実験者は、斜面とそこを転がるボールと同様に、その三人称的な性質だけを問題にすることができる。

(15) 「常識」という言葉はもちろん多様なものを意味し得るし、その内容は一定していない。現代人の常識には、自然科学的知識が流入し、自然科学的な見方が常識化している場合もあろう。しかし、以下、本書の立場と常識の立場を対比するにあたっては、常識は素朴実在論の立場をとっているものと考える。つまり、私たちが見たり聞いたりするままの外部世界、緑の樹、青い空が、その通りに外部に実在するとする立場である。

(16) 知覚場としての心が、心という言葉で名指される唯一の意味だとここで主張しているわけではない。すぐに見るように、思考、感情、意志、記憶等が心と関与してくることは言うまでもない。

あとがき

本書が成るまでの経緯を少しだけ記しておきたい。

冒頭でも書いたように、外界の対象から色や音などの感覚的性質を剥奪する知覚論は重大な問題を含む。そのことに著者がはっきりと気づいたのは、哲学の勉強を本格的に始めてしばらく経った頃、まだ二十代前半の頃だったと思う。奇妙に聞こえるかもしれないが、その時、嬉しく感じたことを覚えている。というのも、当の知覚論は普通に生きる人間の世界観を根底から覆し、また深刻な矛盾を含んでいるにもかかわらず、知覚の科学的研究はそのことをほとんど等閑に付しているので、この問題はまさに現代の哲学者が取り組むべき重要課題の一つとして確かな意味を持っていると思われたからである。哲学を学びつつも、科学時代における哲学者の存在理由に疑念を抱いていた一学生にとって、この問題の存在は、そのまま進んで良いという保証を与えてくれたように思えたのである。

けれども、問題解決の糸口は杳として見つからない。現代においてこの問題を扱った先達の著作を紐解きながら知覚について考え始めると、たちまち頭の中は混乱してしまい、出口はまるで見つかりそうもなかった。そのうちに著者の興味は、手応えがありそうな別の主題に移って行ってしまう。

そんな中で二〇一六年に出版した前著を脱稿し、次に集中的に取り組む主題を模索していた時、この知覚論を巡る問題が再び心の中に浮上してきた。自分の研究生活もそろそろ先が見え始めた中で、折に触れて考え続けてきたこの問題についてもう一度集中的に取り組み、少なくとも自分の中で納得のゆく決着をつけておくべきではないのか、解決とは行かないまでも、何か手掛かりなりとも見いだすべきではないのか、という思いが強くなったのである。幸い、科学研究費（基盤研究（C）（一般）「質的知覚論の再構築」課題番号15K01980）を受託することができ、集中的研究はスムーズに開始され、やがて本書の元になる考えがおぼろげに浮上してきた。ここに記して謝意を表したい。

本書が行う提案の骨格は、ある意味で非常に単純なものである。それは、知覚対象から知覚者に至る因果系列の役割を、対象の物理的性質を原因として知覚者の脳内に感覚を「発生」させることではなく、外界の対象の性質の「変化を検出」することと捉えるのである。これは外界の対象に感覚的性質を返し、かつ知覚の因果的説明をも保持しようとするとき、ほとんど必然的な帰結であるようにも思えるので、このような方途の可能性がなぜこれまで追究されて来なかったのかが不思議なほどである。

あらためて簡単な譬えを一つあげてみよう。村役場が火事になり、そのことを少し離れたところに滞在していた村長に電話で知らせると、村長はたいへん驚いたとしよう。このとき、火事は村長が知らせを聞いたその時点で、村長のいる場所で「発生」したのだと言えば、誰しも笑うであろう。村長は火事という異変をその時知っただけで、火事そのものは村の現場で起きている。

同じように、例えば目の前にある色付いた紅葉の赤い色は、色をもたない外界の葉から反射された一定波長の光が、知覚者の脳内に至って初めて「発生」したものではなく、外界の葉はもともと色をもつのであるが、対象から知覚者に至る因果系列は、その対象の色の変化を知覚者に検出させるためのものと理解すべきである。そう考えれば、外界の対象に色などの感覚的性質を帰属させたまま、科学による知覚の因果的説明とも両立させることができる。ただしそのために本書は、「心」の在り方に関する常識をも改変する必要があった。

最初、研究ノートに纏められていただけの本書の基本構想は、二〇一七年に東京・田町で開催された小さな研究会で発表されたが、その場で予想外に好評を得たことに意を強くして、著者は持論のさらなる展開を図ることになり、それが本書の成立につながっている。個別に名前は記さないが、当時暖かい励ましのお言葉をいただいた参加者の方々にここで謝意を表したい。

また、東北大学出版会の匿名の査読者の方からも、いくつか有益なご指摘をいただき、最終稿に反映させることができた。本書の結論部に深い共感をお寄せいただいたことにも合わせて感謝申し上げたい。最後になったが、出版会事務局の小林直之さんには、出版に関する最初の相談から完成に至るまで何かとお世話になった。厚く御礼を申し上げたい。

二〇二一年　コロナ禍の続く晩冬

著者

【人名索引】

（本文中に記載のあるもの）

あ行

か行

さ行

た行

な行

は行

ま行

や行

ら行

【事項索引】

（本文中に記載のあるもの）

た行

な行

は行

ま行

や行

著者略歴

佐藤　透（さとう　とおる）

1961年新潟県生まれ。東北大学大学院文学研究科博士後期課程修了。博士（文学）。
現在、東北大学大学院国際文化研究科教授。専門：哲学・倫理学。
主な著作：『美と実在－日本的美意識の解明に向けて』（ナカニシヤ出版、2016年）、『人生の意味の哲学－時と意味の探求－』（春秋社、2012年）、『時間体験の哲学』（行路社、1999年）。

装幀：大串幸子

質的知覚論の研究
――世界に彩りを取り戻すための試論――

Study of the Qualitative Theory of Perception:
An Essay to Bring Colorful Vividness Back to the World

2021年3月25日　初版第1刷発行

著　者／佐藤　透
発行者／関内　隆
発行所／東北大学出版会
〒980-8577　仙台市青葉区片平2-1-1
Tel. 022-214-2777　Fax. 022-214-2778
https://www.tups.jp　E.mail info@tups.jp
印　刷／カガワ印刷株式会社
〒980-0821　仙台市青葉区春日町1-11
Tel. 022-262-5551

ISBN978-4-86163-354-6　C3010
定価はカバーに表示してあります。
乱丁、落丁はおとりかえします。